KB078159

괴물같은
기업
키엔스를
배워라

KEYENCE KAIBO SAIKYO KIGYO NO MECHANISM
written by Nishioka Anne

Copyright © 2022 by Nikkei Business Publications, Inc.
All rights reserved.
Originally published in Japan by Nikkei Business Publications, Inc.
Korean translation rights arranged with Nikkei Business Publications, Inc. through
Tuttle Mori Agency, Inc. and Imprima Korea Agency.

이 책의 한국어판 출판권은 Tuttle-Mori Agency, Inc., Tokyo와 Imprima Korea Agency를 통해 Nikkei Business Publications, Inc.와의 독점 계약으로 ㈜도서출판 길벗에 있습니다. 저작권법에 의해 한국 내에서 보호를 받는 저작물이므로 무단전재와 무단복제를 금합니다.

괴물 같은 기업 키엔스를 배워라

불황의 늪에 빠진 기업들에 내린 특명

니시오카 안누 지음 | 박선영 옮김

더 퀘스트

괴물 같은 기업
키엔스를 배워라

초판 1쇄 발행 · 2023년 7월 21일
초판 4쇄 발행 · 2024년 3월 8일

지은이 · 니시오카 안누
옮긴이 · 박선영
발행인 · 이종원
발행처 · (주)도서출판 길벗
브랜드 · 더퀘스트
주소 · 서울시 마포구 월드컵로 10길 56(서교동)
대표전화 · 02)332-0931 | **팩스** · 02)322-0586
출판사 등록일 · 1990년 12월 24일
홈페이지 · www.gilbut.co.kr | **이메일** · gilbut@gilbut.co.kr

기획 및 책임편집 · 유예진, 송은경, 오수영 | **제작** · 이준호, 손일순, 이진혁
마케팅팀 · 정경원, 김진영, 김선영, 최명주, 이지현, 류효정 | **유통혁신팀** · 한준희
영업관리 · 김명자 | **독자지원** · 윤정아

교정교열 · 공순례 | **표지디자인** · studio forb | **본문디자인** · aleph
CTP 출력 및 인쇄 · 예림인쇄 | **제본** · 예림인쇄

- 더퀘스트는 ㈜도서출판 길벗의 인문교양·비즈니스 단행본 브랜드입니다.
- 이 책은 저작권법에 따라 보호받는 저작물이므로 무단전재와 무단복제를 금합니다. 이 책의 전부 또는 일부를 이용하려면 반드시 사전에 저작권자와 (주)도서출판 길벗(더퀘스트)의 서면 동의를 받아야 합니다.
- 잘못 만든 책은 구입한 서점에서 바꿔 드립니다.

ISBN 979-11-407-0505-4 03320
(길벗 도서번호 090243)

정가 19,500원

독자의 1초까지 아껴주는 길벗출판사

(주)도서출판 길벗 | IT교육서, IT단행본, 경제경영, 교양, 성인어학, 자녀교육, 취미실용 www.gilbut.co.kr
길벗스쿨 | 국어학습, 수학학습, 어린이교양, 주니어 어학학습, 학습단행본 www.gilbutschool.co.kr

---

시작하며

"이 회사, 정말 취재하기 어렵네. 나오는 게 있어야지."

기자 초년생 시절, 선배들이 이렇게 투덜거리는 소리를 자주 들었다. 닛케이 신문사 오사카 지사에서 근무하던 때였는데, 키엔스Keyence를 두고 하는 말이었다. 내가 취업을 준비하면서 기업분석을 좀 더 열심히 했다면 일찌감치 알아봤을지도 모른다. 영업이익률이 50%나 되고 직원들의 평균 연봉이 2,000만 엔이 넘는 회사, 일본에서 세 손가락 안에 드는 시가총액을 자랑하는 괴물 같은 회사다. 하지만 그 저력을 실감한 것은 한참 뒤였다. 당시에는 그저 취재하기 힘든 수

수께끼 같은 기업으로만 여겼다.

내가 키엔스와 인연을 맺은 건 '유루ゆる 블랙 기업'을 취재하면서다. 여기서 '유루'는 '느슨하다'라는 뜻으로, '일은 힘들지 않지만 성장 가능성이 없는 기업'을 말한다. 최근 일본에서는 업무 방식 혁신으로 젊은 직원들이 제대로 일할 환경을 마련하지 않고 오히려 의욕을 꺾어버리는 유루 블랙 기업이 많아졌다. 그런데 취재를 하던 중 그와 완전히 반대되는 기업으로 키엔스를 꼽는 사람들을 많이 만났고, 과연 어떤 기업인지 알아보고 싶어졌다. 키엔스는 어마어마한 업무량 탓에 '직원들이 30대에는 집을 짓고 40대에는 무덤을 마련한다'라는 말이 있을 정도라고 했다. 이런 회사에서 일하는 사람들은 누구이고, 어떤 생각을 할까? 알음알음 소개로 키엔스에서 퇴사한 한 직원과 이야기를 나눌 수 있었다.

"키엔스는 시스템도 뛰어나지만 그걸 또 직원들이 완벽하게 해냅니다. 신입 교육이나 후배 코칭에도 허튼 구석이 없어요. 사람이 성장할 수밖에 없는 곳입니다."

사람이 성장할 수밖에 없는 곳이라니, 관심이 더 커졌다. 지금 일본에서 그렇게 단언할 수 있는 회사가 과연 몇이나 될까? 도대체 어떤 시스템인지, 어떻게 하면 직원들이 자기 역할을 완벽하게 해낼 수 있는지 키엔스라는 회사를 자세히 알고 싶어졌다.

취재를 시작하면서 키엔스 현직 사원들은 물론 퇴사한 직원들이나 거래처 관계자들을 최대한 만나보려고 애썼다. 그 성과 중 일부를 2022년 2월 〈닛케이 비즈니스〉 특집으로 세상에 내놓았다. 〈닛케이 비즈니스〉가 키엔스 특집을 구성한 것은 2003년 이래 자그마치 20년 만의 일이다. 키엔스의 '사람 키우기'를 파헤친 그 기사는 엄청난 반향을 일으켰다.

키엔스 특집을 내놓은 지 반년 정도가 지났지만 취재는 여전히 진행 중이다. 키엔스를 더 소개해달라는 주변의 요청이 많기도 했지만, 가장 큰 이유는 키엔스를 모델로 하면 일본 기업들이 더 성장할 수 있다고 확신했기 때문이다.

키엔스는 개개인의 역량에 기대지 않는다. 사람이 자라고 성과를 낼 수 있는 시스템을 만든다. 그 시스템 안에서 직원들은 각자 할 일을 완벽하게 해내며, 이런 조직의 힘으로 타의 추종을 불허하는 고수익을 실현한다. 다른 기업들이 이 회사를 모델로 삼는다면 더 큰 이익을 올릴 수 있지 않을까? 충분히 그럴 수 있다고 믿는다.

특집기사를 내기 위해 키엔스의 홍보 담당자와 전화 통화를 하며 취재 일정을 조율하던 때부터 남다른 기업임을 대번에 느꼈다. 담당자는 특집의 취지와 예상 질문에 대해 자세히 물었다.

"메일로 주신 질문 리스트 중에서 세 번째 질문의 목적은 무엇인가요?"

"언제까지, 어느 정도 수준으로 기사 포맷을 완성하실 예정입니까?"

"이쪽 담당자를 취재하실 때 이 사진은 써도 되지만 이건 좀 어려운데, 괜찮으시겠습니까?"

그의 질문은 섬세하고 치밀했으며 명확했다. 아마 전화를 끊는 순간 그의 머릿속에는 기사의 전체 설계도가 그려졌을 것이다.

최고의 기사를 내보내겠다는 열정 또한 대단했다. 아무리 사소한 얘기라도 논리가 맞지 않으면 그냥 넘어가지 않고 계속 되물었다. 질문에 제대로 답하지 못했다가는 어렵사리

얻은 취재 기회를 날릴까 봐 걱정될 정도였다. 선배들은 나에게 완벽하게 준비하지 않으면 현장에 가도 취재를 제대로 할 수 없다고 가르쳤다. 이를 늘 염두에 두며 나름대로 철저하게 임해왔는데, 키엔스 홍보 담당자의 끊임없는 질문이 나를 더더욱 단련해준다고 느꼈다.

취재가 진행될수록 머릿속에 어떤 이미지가 만들어졌다. 바로 키엔스의 문화로, '나의 목적을 명확히 하고 상대의 조건을 파악한다. 그리고 목표를 향해 최선을 다한다'라는 이미지다. 고객사의 어떤 직원은 이렇게 얘기하기도 했다.

"키엔스 사람들과 일하다 보면 우리 실력까지 향상되는 게 느껴져요."

키엔스는 기다리지 않는다. 한발 앞선 예측을 바탕으로 고객과 함께, 때로는 고객을 이끌며 달린다. 고객의 잠재 니즈를 끌어내고 업무 속도를 올려 성과 수준을 높인다.

충실한 취재 덕에 특집 마감까지 여느 때보다 여유를 가질 수 있었다. 무슨 일이든 시간이 많으면 질이 좋아진다. 그리고 일이 훨씬 재미있어진다.

일본의 '잃어버린 10년'이 어느덧 30년을 지나고 있다. 일본이 성장하지 못하고 있다는 사실은 국제적인 조사에서도 확인된다. 국제통화기금IMF에 따르면 2021년 일본의 명목 국내총생산GDP은 4조 9,300억 달러로 미국과 중국에 이어 세계 3위다. 하지만 국민의 생활은 팍팍하기만 하다. 그도 그럴 것이 내각부가 발표한 1인당 명목 GDP는 2020년 4만 48달러로, OECD 38개국 중 19위로 추락했기 때문이다. 2027년에는 한국, 2028년에는 대만보다 뒤처진다는 전망까지 나왔다.

이제 더는 성장하지 못하는 게 아니냐며 체념하는 분위기가 일본 사회에 만연해 있다. 그런데 이렇게 자포자기해서는 안 된다는 걸 만천하에 보여준 회사가 키엔스다. 저성장의 늪에 빠진 기업들에 일침을 놓듯, 최근 10년 동안 매출과 영업이익을 4배 가까이 성장시켰다.

이 글은 〈닛케이 비즈니스〉 특집기사를 기반으로, 정보를 대폭 추가하고 전면적으로 수정했다. 키엔스는 '목적에 맞지 않으면 정보를 공개하지 않는다'라는 합리주의를 표방하는 곳이기에, 그 기업의 공식적인 책은 아니다. 취재 허가를 받은 내용도 있고 그렇지 않은 것도 있다. 공식과 비공식, 기업 내부와 외부를 불문하고 관계자들을 끊임없이 만나 이야기를 듣고 또 들었다. 그 과정에서 풀어낸 키엔스의 미스터리를 영업과 개발, 조직 문화, 시대적 관점에서 해부해보는 것이 이 책의 목적이다. 이 책을 통해 베일에 가려진 키엔스 내부를 조금이나마 엿봄으로써 이곳 못지않게 성장하면서 직원들도 키우는 기업이 하나라도 더 늘어나기를 기대한다.

니시오카 안누

차 례

2장 키엔스 영업사관학교

3장 키엔스의 브레인, 개발부대

4장 사람이 성장하는 키엔스의 시스템

5장 키엔스의 시스템은 사람이다

6장 무명의 키엔스, 해외에서도 날다

7장 키엔스의 창업 DNA

프롤로그

돌처럼 굳은 화석이 되지 말자

신오사카역에서 남쪽으로 10분 남짓 걸어가면 JR 교토선과 한큐 교토선이 교차하는 곳에 기발한 디자인의 건물이 우뚝 솟아 있다. 군계일학이라고 부르기에 손색이 없는 이 건물이 공장자동화Factory Automation, FA 센서의 제왕으로 알려진 키엔스 본사다. 1994년에 준공한 21층짜리 건물로 높이가 지상 113미터에 달한다. 주위에 고층 빌딩이 별로 없어서 근처를 흐르는 요도가와의 하천 부지에서도 한눈에 들어오는 랜드마크다. 4개의 기둥이 떠받치고 있는 상층부는 공중에 떠 있는 독특한 구조로 전면이 유리로 덮여 있으며, 고층부 빌

Ⅰ 오사카시 히가시 요도가와구에 있는 키엔스 본사 건물(사진: 유키토모 시게하루)

딩 양쪽에 자리 잡은 저층부는 중후한 느낌의 회색 석재로 마감돼 있다. 직선과 곡선이 어우러진 독특한 디자인으로 강렬한 존재감을 내뿜는다.

건물의 모티브는 학이다. '학은 천 년, 거북이는 만 년 산다'라는 말처럼 천 년을 이어나갈 기업이 되고자 하는 염원이 담겨 있다. 기둥이 건물을 받치고 있는 구조는 확실히 고고한 학의 모습을 연상시킨다. 건물 층수인 '21'이라는 숫자는 '21세기를 향해 나아가자'라는 의미라고 한다. 고층부를 공중에 띄워 건물 밑을 비운 이유는 정원수를 더 많이 심기 위해서였다. 사회에 중요한 존재로 남고 싶다는 회사의 진심이 전해진다.

건물 안으로 들어서자 좀처럼 보기 힘든 물체가 눈에 띄었다. 바로, 화석이다.

화석은 건물 곳곳에서 발견된다. 방문객과 미팅 장소로 사용되는 저층부 건물에도, 경영진을 위한 최고층 응접실에도 암모나이트와 게, 공룡알 같은 다양한 화석이 당당하게 자리 잡고 있다. 모두 진품으로 일본에서 발견된 것뿐 아니라 중국과 이탈리아에서 들여온 것도 있다.

❙ 본사 건물 곳곳에 암모나이트를 비롯한 다양한 화석이 놓여 있다.

왜 화석일까? 키엔스 창업자이자 명예회장인 다키자키 다케미쓰滝崎武光의 메시지에서 답을 찾았다.

"키엔스는 화석이 되지 않는다. 돌처럼 굳어져 변하지 못하는 화석이 되어서는 안 된다. 늘 변화하고 끊임없이 진화해야 한다."

키엔스의 경영 이념 첫 번째는 '기업의 영속'이다. 천 년을 사는 학을 본사 건물의 모티브로 삼은 것도 이 때문이다. 영원히 지속하는 기업이 되겠다는 굳은 결의가 건물 안팎에서 느껴졌다.

창업자의 바람은 현재까지 순조롭게 이뤄지고 있다. 1972년에 리드전기リード電機로 창업한 회사는 1986년에 제품의 브랜드명이었던 '키엔스'로 사명을 변경했다. 일본을 대표하는 고수익 기업으로 성장하면서 '최소의 자본과 사람으로 최대의 부가가치를 올린다'라는 또 다른 경영 이념을 실현하고 있다. 직원의 평균 연봉이 높기로 유명한 키엔스의 경영 상태를 주식시장도 높이 평가했다. 시가총액은 2022년 11월 20일 종가 기준으로 약 14조 4,782억 엔에 달해 일본 내 3위다(2023년 3월 31일 종가 기준으로는 15조 6,747억 엔으로 일본 내 2위로 올라섰다-옮긴이).

본사 21층에서 이뤄진 〈닛케이 비즈니스〉 편집장과의 인터뷰에서 나카타 유中田有 사장은 "키엔스의 시스템과 풍토는 하루아침에 따라 할 수 있는 것이 아니다"라고 잘라 말했다. 오랜 세월을 거치며 축적됐다는 뜻이다.

키엔스의 특징은 '직접 판매', '당일 출하', '수평적 조직'으로 요약할 수 있다. 키엔스는 시스템과 조직 문화를 어떻게 완성했을까? 구체적으로는 어떤 모습일까? 베일에 싸인 키엔스의 실체를 들여다보자.

1장

고객보다 고객을 더 잘 아는 회사

신출귀몰한 영업사원

2021년 겨울, 공작기계 부품을 생산하는 에이원정밀エーワン精密의 야마나시 공장에서 한바탕 소동이 벌어졌다. 금속이나 수지에 레이저 광선을 쏘아 번호와 바코드를 인쇄하는 레이저 마킹기가 고장 난 것이다.

에이원정밀은 선반에 가공물과 공구를 고정하는 콜릿척collet chuck을 주력으로 생산하는 회사다. 일본 내 시장 점유율이 60%가 넘는 이 회사의 생산 방식은 '소량 다품종'의 끝판왕이다. 현장에서 쓰는 선반과 가공물, 공구는 크기와 종류가 셀 수 없이 다양해서 그에 맞는 콜릿척도 천차만별이기 때문이다. 수많은 콜릿척의 사양을 판별하려면 반드시 레이저 마킹기로 용도나 모델명을 인쇄해야 한다. 그 마킹기가 고장 났으니 생산 라인이 멈출 수 있는 위험한 상황이었다.

"이번에도 파나소닉Panasonic 제품으로 구입합시다."

에이원정밀의 무로타 다케시室田武 전무는 전체 생산 라인과의 조합을 고려해 기존 거래처의 제품을 선택하려 했다. 그때 의외의 인물이 나타났다. 키엔스의 영업사원이었다.

"안녕하세요? 레이저 마킹기를 새로 구매하실 예정이라고 들었습니다."

마치 고장을 예견한 듯한 그의 말에 무로타 전무는 어안이 벙벙했다.

'도대체 어떻게 알았지?'

영업이익률 55.4%의 회사

알고 보면 간단한 이야기다. 키엔스의 영업사원은 무로타 전무 앞에 나타나기 직전, 에이원의 타 부서에 레이저 마킹기를 판매한 참이었다. 계약을 마치고 일어서면서 그는 여느 때처럼 물었다.

"혹시 또 도움이 필요한 곳은 없으신가요?"

그 습관적인 질문 덕분에 키엔스의 영업사원은 무로타 전무 앞에 혜성같이 등장할 수 있었다.

일은 일사천리로 진행됐다. 며칠 후 에이원을 다시 찾은 영업 담당자는 눈 깜짝할 사이에 레이저 마킹기를 세팅하고 무로타 상무의 눈앞에서 시연을 펼쳤다. 숙련된 어조로 물 흐르듯 세부 기능을 설명했으며, 돌발 질문에도 막힘이 없었다. 시뮬레이션의 속도와 정확성에 압도당한 무로타 전무는 그 자리에서 흔쾌히 구입을 결정했다.

사실 고장이 나자마자 제일 먼저 파나소닉에 연락하고 구매 의향까지 전달한 상태였다. 하지만 그쪽 담당자가 연락해

왔을 때는 이미 키엔스 제품을 구입한 후였다.

고도로 훈련된 영업사원이 고객의 수요를 끊임없이 탐색하고, 기회다 싶으면 전광석화처럼 낚아챈다. 에이원정밀이 키엔스 제품을 구입한 것은 결코 우연이 아니다. 키엔스의 글로벌 실적은 세계를 상대로 매일같이 이런 쟁탈전을 벌이고 있다는 사실을 말해준다.

2022년 3월 결산기의 매출은 사상 최고치인 7,552억 엔으로 10년 전보다 4배 가까이 상승했다. 영업이익도 역대 최고치로, 매출 대비 영업이익률이 자그마치 55.4%에 달한다. 제조 업체로서는 경이로운 숫자다. 코로나19 사태로 투자가 감소하는 바람에 한때 주춤하기도 했지만, 키엔스는 꾸준히 성장하고 있다. 이를 뒷받침하는 것이 50% 전후의 영업이익률이다.

제품 70%가 세계 최초

수치로 보면 대단한 회사지만 키엔스를 아는 사람은 많지 않다. 생산하는 제품도 특출난 구석은 별로 없다.

키엔스는 센서 중심의 업무용 전자기기를 주력으로 생산한다. 대부분 제조 현장에서 이상을 감지하거나 생산성 향상에 이용되는 제품군이다. FA(공장자동화)의 진전에 발맞춰 사업 영역을 점차 확대해왔으며, 현재는 바코드를 읽는 핸디터미널과 로봇의 눈 역할을 하는 카메라 시스템인 로봇 비전이 가장 유명하다. 하지만 생산 공장이나 창고, 연구소에서 근무하는 사람이 아니면 키엔스 제품을 볼 기회는 거의 없다.

제품 역시 고스펙으로 무장하기보다는 참신한 아이디어로 기존 제품을 조합한 것이 특징이다. 대표적인 예가 자동화 생산설비의 제어를 담당하는 프로그래머블 로직 컨트롤러 Programmable Logic Controller, PLC다. 키엔스는 2019년 세계 최초로 PLC에 '드라이브 리코더' 기능을 탑재했다. 자동차 사고가 났을 때 블랙박스로 현장 상황을 재생할 수 있는 것처럼, PLC를 탑재한 설비의 가동 실적과 카메라 영상을 빠짐없이 기록해서 언제든 확인할 수 있게 한 것이다.

제조 현장에서 설비가 갑작스레 오작동하는 것은 큰 골칫

매출과 영업이익 모두 증가

| 키엔스의 실적 추이 |

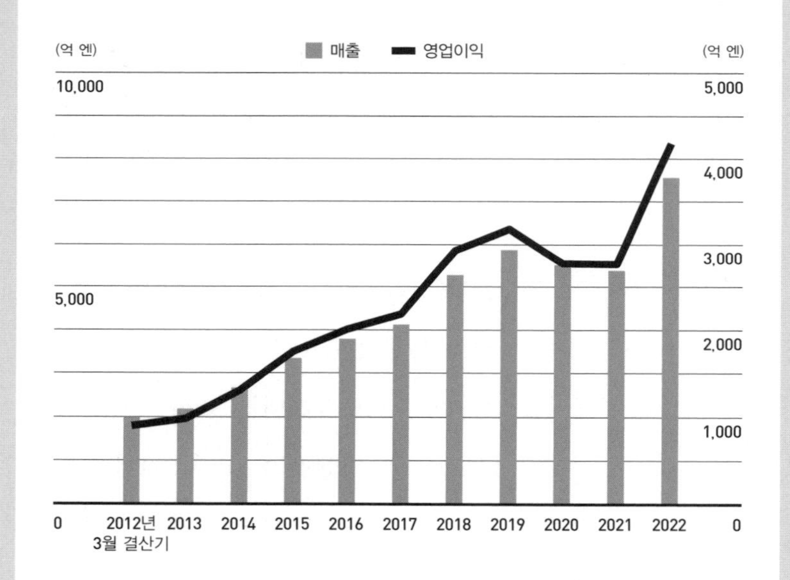

거리다. 그래서 고장 원인을 상세하게 분석해주는 PLC의 새로운 기능은 고객의 마음을 단숨에 사로잡았다. 키엔스의 PLC는 엄청난 성공을 거뒀고 최근 경쟁 업체인 미쓰비시전기三菱電機에서도 드라이브 리코더 기능을 추가하려는 움직임이 있다고 한다.

이처럼 키엔스가 세계 최초의 아이디어로 제품을 생산한 사례는 적지 않다. 1만 종류가 넘는 제품을 생산하는 키엔스에서 신제품의 약 70%가 '세계 최초' 또는 '업계 최초'라고 자신할 정도다. 다른 곳에는 없는 기능이 있으니 당연히 비싸게 팔 수 있다. 키엔스 제품의 매출총이익은 80%에 달한다. 원가 2,000엔짜리를 1만 엔에 파는 셈이다.

키엔스의 상징, 직접 판매

키엔스 하면 떠오르는 것이 '직접 판매'다. 차별화된 제품을 고객의 눈앞에 제시하고 가치를 직접 실감하게 한다. 미쓰비시전기와 오므론OMRON 같은 경쟁사가 대리점을 통한 간접 판매를 주축으로 하는 것과는 대조적이다. 키엔스는 자사의 영업사원이 고객사를 직접 찾아다닌다.

"너무 자주 와서 이쪽에서 연락하기 전에는 오지 말라고 한 적도 있어요."

에이원정밀의 임원이 너털웃음과 함께 털어놓았다.

미쓰비시UFJ모건스탠리증권三菱UFJモルガン·スタンレー証券에 따르면 키엔스 직원의 1인당 매출은 8,710만 엔(2022년 3월 결산기)이다. 대리점이 없어서 불리할 듯하지만, 오므론의 공장용 제어기기 사업의 1인당 매출이 4,482만 엔이므로 경쟁사보다 생산성이 약 2배나 높은 셈이다.

2019년 가을, 키엔스 제품을 구입한 산업용 기계 회사 구보타クボタ는 상담 속도에 무척 놀랐다. 구보타는 농기계와 건설기계의 엔진 제조 공정에 사용할 로봇 비전을 도입하려고 몇 군데 회사에 견적을 의뢰했다. 대리점을 끼고 있는 업체는 답변하는 데 일주일이나 걸렸지만, 키엔스는 그날 바로 연락이 왔다. 다음 날 오사카 시내의 연구소에서 제품 시연을 하겠다고까지 제안했다.

"그보다 더 빠를 수는 없을 겁니다. 상상을 초월하는 스피

드였어요."

구보타의 생산부 과장은 당시를 회상하며 혀를 내둘렀다. 효고현 다카라즈카시에서 전자기기를 생산하는 회사인 닛신Nissin의 임원도 마찬가지였다.

"키엔스 홈페이지에서 상품 설명서를 다운로드했더니 바로 한 시간 뒤에 전화가 왔다니까요."

키엔스에 기다림은 없다. 고객이 흥미를 느끼는 기색이 보이면 즉시 달려들어 자신들의 방식대로 끌고 나간다.

"공장 설비에 문제가 생겼다고 들었습니다. 한번 들러서 봐드릴까요?"

지바현의 한 용접 가공 회사 담당자는 난데없이 키엔스 직원으로부터 연락을 받고 깜짝 놀랐다.

'기계가 멈춘 지 얼마 안 됐는데 어떻게 알았지?'

사실 이 회사를 방문하도록 재촉한 사람은 따로 있다. 이시카와현에서 로봇 시스템을 활용해 생산설비를 구축하는 메카트로어소시에이츠Mechatro Associates의 사카이 요시아키酒井良明 사장이다. 키엔스의 장비로 지바의 용접 가공 회사에 설비를 구축했는데 본사가 지방에 있다 보니 다른 지역에서 발생한 문제에 즉시 대응하지 못할 때가 있다. 500킬로미터나 떨어진 지바의 거래처에서 연락을 받고, 가까운 키엔스의 가나자와 영업소에 부탁한 것이다.

대리점을 끼면 방문 일정을 잡는 데만 며칠씩 걸린다. 그러면 공장이 하릴없이 멈춰 있을 수밖에 없으니 빠른 일 처리가 무엇보다 중요하다. 키엔스 사람들은 기회를 절대 놓치지 않는다. 가나자와 영업소에서 연락을 받은 지바의 키엔스 직원은 즉시 현장으로 달려갔다.

"키엔스 담당자는 고객사에 같이 가서 영업도 해주고 유지·보수도 해줍니다. 거래처이지만 같이 일하는 동료라고 할 수 있습니다."

사카이 사장은 흐뭇한 얼굴로 말했다.

키엔스 담당자는 수리를 마친 뒤 늘 덧붙이는 한마디를 잊지 않았다.

"혹시 또 도움이 필요한 곳은 없으신가요?"

고객의 가려운 곳을 긁어준다

"참, 그러고 보니 OO 씨는 요즘 어디 계시나요?"

세계 최대 유리 제조 회사인 AGC의 요코하마 기술센터 직원은 키엔스 직원이 지나가듯 물어보는 말에 깜짝깜짝 놀라곤 했다고 한다. 인사이동이나 투자 계획을 자연스럽게 캐묻는 키엔스 직원들을 경쟁사들은 '산업 스파이 같다'라며 질투심을 섞어 표현한다. 키엔스 직원의 태도는 정중하기 이를 데 없지만 속내는 분명하다. 구매와 투자 판단에 관여하는 핵심 결정권자의 동향을 파악하려는 것이다.

의사결정권자가 이동하는 지역의 자사 직원에게 그 인물의 정보를 알려주면 그 지역에서도 자사 상품을 판매할 가능성이 훨씬 커진다. 해외로 발령이 나도 마찬가지다. 자신의 실적이 되지 않더라도 회사 전체의 수주가 늘면 보너스로 되돌아오기 때문에 열심히 정보를 모으고 공유한다.

정보의 가시화와 공유

AGC 정도 되는 대기업은 키엔스의 각 사업부에서 집중적으로 관리한다. 매일같이 센터에 전화나 이메일로 꼼꼼하게 연락을 취하므로 수백 명의 생산기술 담당자 중 절반 이상이 키엔스와 크건 작건 인연이 있을 정도다. AGC의 사내 정보까지 속속들이 알고 있기에 키엔스 내부적으로 정보를 공유하는 시스템이 있지 않을까 신기해할 정도다.

사람들의 짐작대로다. 키엔스에는 정보 공유 시스템이 있

고객의 니즈를 파악해 가치를 만들어낸다

| 키엔스 사업구조의 핵심 |

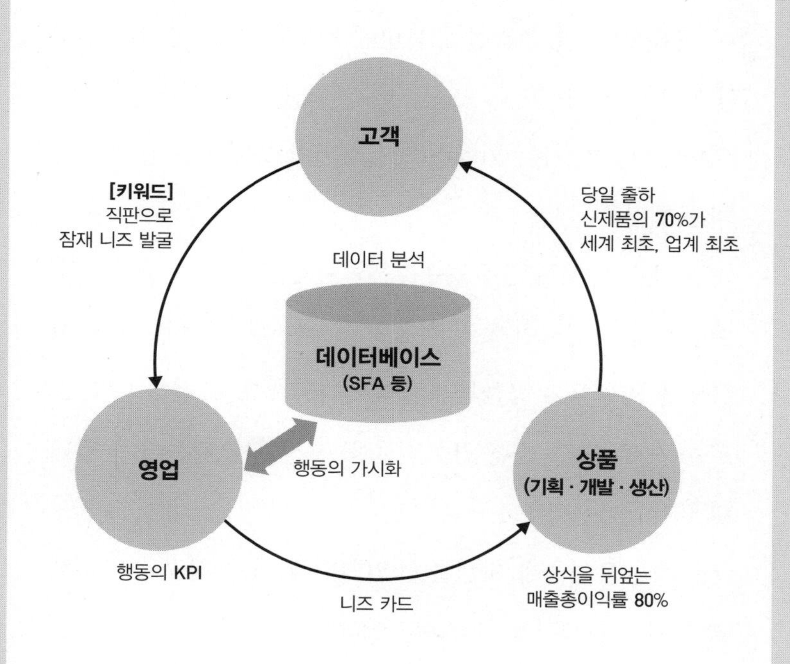

다. 정보의 가시화와 공유는 키엔스에서는 당연한 일상이다. 정보의 가시화, 즉 모든 정보를 눈에 보이는 형태로 가공해 회사 전체가 공유한다. 고객의 승낙을 전제로 하지만, 영업사원이 언제 누구와 만나 무슨 이야기를 했는지 모든 직원이 공유한다. 이 촘촘한 그물망에 한번 걸려든 고객은 절대 벗어날 수 없다.

AGC의 담당자는 키엔스 영업사원의 능력에도 감탄을 금치 못했다.

“키엔스 영업사원이 갖추고 있는 제품 지식은 상상을 뛰어넘습니다. 심지어 우리 현장에서 쓰는 경쟁사 제품까지 사용법을 정확하고 꼼꼼하게 알려준다니까요. 그래서 나도 모르는 새에 그간 불편했던 점들을 시시콜콜 의논하게 됩니다.”

고객이 은연중에 자신들을 의지하게 하는 정중동의 태세로 키엔스는 세력을 확장하고 있다.

상상을 뛰어넘은 제안

"이렇게 쉬워요? 한번 보면 바로 쓸 수 있겠네요."

가나 초콜릿을 생산하는 롯데Lotte 기업의 우라와 공장은 2018년 키엔스의 이미지 센서를 도입하기로 했다. 키엔스 영업사원이 직접 공장까지 들고 온 데모기가 무척 쓰기 편해 보였기 때문이다.

당시 공장 담당자의 최대 고민은 검사 공정에서 드러나는 낮은 수율이었다. 투입된 원재료에 비해 정상 제품의 수량이 너무 적었다. 갈라지거나 깨진 초콜릿을 판별하는 장치를 사용했지만 정밀도가 낮아 정상 제품까지 튕겨내는 바람에 별 도움이 되지 않았다.

바로 그때, 한 달이 멀다고 공장을 드나들던 키엔스 영업사원이 연락해 왔다. 담당자가 고민을 털어놓자 흔쾌히 상담해주더니, 바로 다음 주에 구체적인 대안을 마련해 들고 왔다. 롯데 담당자는 스피드에 놀랐고 정성스러운 대응에 고마워했다. 더군다나 그의 제안을 살펴보고는 감동하는 수준까

❙ 롯데 우라와 공장에서는 초콜릿 불량품을 판별하는 공정에 키엔스의 장치를 도입했다.

지 이르렀다.

키엔스가 제시한 대책은 롯데 담당자의 상상을 뛰어넘었다. 낮은 수율을 해결하는 데 중점을 둔다면 정밀도가 높은 장치로 바꾸면 된다. 하지만 키엔스 직원은 문제의 본질을 들여다보려고 노력했다. 그 노력의 결과, 정밀도뿐 아니라 사용 편의성까지 중시한 대책을 마련해 온 것이다.

복잡한 장치는 제조 현장에서 무용지물이 되기 쉽다. 구슬이 서 말이라도 꿰어야 보배라는 말처럼, 작업자가 제대로 다루지 못하면 기능이 아무리 좋아도 쓸모가 없다.

"작동 방법이 어려우면 다들 쓰고 싶어 하지 않아요."

키엔스 영업사원은 현장의 실정을 꿰뚫어 본 것이다. '소수의 전문가가 머리로 짜낸 솔루션은 소용이 없다. 현장의 지혜를 모아 수율을 높이고 싶다'라는 롯데 담당자의 숨은 니즈를 알아차리고 해결책을 제시한 것이다.

고객이 미처 깨닫지 못한 문제를 발견하고 구체적으로 설명한다. 그리고 대책을 신속하게 눈앞에 제시한다. 키엔스 영업사원이 롯데 우라와 공장에 자사 제품을 판매할 수 있었던 이유다.

남보다 한발 앞서 숨은 본질을 찾아내고 문제를 해결하면 더 큰 가치를 제공할 수 있다. 애플Apple 창업자 스티브 잡스Steve Jobs는 이렇게 말했다.

"사람은 형태를 만들어 보여주기 전까지는 자신이 무엇을 원하는지 알지 못한다."

고객조차 깨닫지 못한 잠재 니즈는 키엔스에 숨은 광맥이다.

전자부품 업계의 최강자 무라타제작소村田製作所의 나카지마 노리오中島規巨 사장 역시 키엔스의 실력에는 고개를 숙일 수밖에 없다고 말한다.

"그 회사의 부가가치는 한마디로 사람입니다. 그들의 엄청난 컨설팅 능력에 우리 회사의 설비 개발자들도 혹할 정도니까요."

시스템을 만들고 완수한다

일본 내 3위의 시가총액, 제조 업체로서는 놀라운 이익률, 그리고 상장기업 중에서 손꼽히는 고임금. 키엔스를 상징하

한눈에 보는 키엔스

| 키엔스를 상징하는 네 가지 숫자 |

시가총액

14조 4,782억 엔

순위	기업	시가총액
1위	토요타자동차	33조 1,684억 엔
2위	소니 그룹	14조 5,151억 엔
3위	키엔스	14조 4,782억 엔
4위	NTT	14조 498억 엔
5위	소프트뱅크 그룹	10조 4,101억 엔
6위	미쓰비시UFJ	9조 9,867억 엔
7위	KDDI	9조 4,964억 엔
8위	다이이치산쿄	8조 8,824억 엔
9위	패스트리테일링	8조 4,933억 엔
10위	닌텐도	7조 6,701억 엔

주: 2022년 11월 28일 종가 기준

평균 연봉

2,183만 엔

기업	평균 연봉
미쓰비시상사	1,559만 엔
노무라 홀딩스	1,441만 엔
소프트뱅크 그룹	1,322만 엔
도쿄일렉트론	1,285만 엔
소니 그룹	1,085만 엔
토요타자동차	857만 엔

주: 2022년 3월 결산기 유가증권 보고서에 기재된 종업원의 연간 평균 급여

매출 영업이익률

55.4%

기업	매출 영업이익률
오므론	11.7%
화낙	25.0%
제조업 평균	5.2%

주: 2022년 3월 결산기. 제조업 평균은 2021년도, 출처는 법인 기업 통계조사

자기자본비율

93.5%

기업	자기자본비율
오므론	45.7%
화낙	86.1%
제조업 평균	49.4%

주: 2022년 3월 결산기. 제조업 평균은 2021년도, 출처는 법인 기업 통계조사

는 숫자는 모두 경이로운 수준이다.

키엔스는 어떻게 이를 실현했을까? 그 질문에 키엔스의 한 OB(전 직원)는 이렇게 답했다.

"시스템입니다. 그리고 그 시스템을 완수하는 사풍이죠."

키엔스는 개인의 능력에 기대지 않는다. 고객에게 제공하는 가치를 극대화할 수 있도록 시스템을 설계한다. 그리고 모든 직원은 그 시스템이 요구하는 행동을 완벽하게 수행한다. 이것이 키엔스가 지닌 힘의 근원이며 인재 육성의 핵심이다.

다음 장에서는 영업과 개발에 적용되는 정교한 시스템과 문화를 자세히 살펴본다.

삼세판의 성공
| 키엔스의 역사 |

1972년	다키자키 다케미쓰가 효고현 이단시에서 키엔스의 전신인 리드전기를 창업했다. 외국계 제어기기 업체에서 퇴사하고 두 번 창업했다가 실패한 후 이뤄낸, 삼세판의 성공이었다.
1974년	판금이 2장 중복해서 넘어가는 것을 사전에 방지하는 센서를 개발해서 토요타자동차에 제안했으며, 이 센서가 토요타 전 공장에 도입되어 사업을 확대할 수 있었다. 효고현 아마자키시에서 리드전기를 법인화해서 회사를 설립했다.
1979년	도쿄 영업소 개설
1981년	본사를 오사카부 후키타시로 이전
1985년	미국 현지 법인 설립 상품의 브랜드명이었던 '키엔스(KEYENCE)'를 미국 법인의 사명으로 결정
1986년	브랜드와 상호의 통일을 위해 키엔스로 사명 변경
1987년	회사 설립 13년 만에 오사카 증권거래소 2부에 상장
1990년	도쿄 증권거래소와 오사카 증권거래소 1부에 상장
1993년	한국 현지 법인 설립
1994년	오사카시에 새로운 본사와 연구소가 준공되어 본사 이전
2000년	사사키 미치오(佐々木道夫)가 2대 사장으로 취임. 다키자키는 대표권이 있는 회장으로 취임
2001년	중국 현지 법인 설립
2009년	저스트시스템과 자본 업무 제휴를 통해 지분법 적용 관련 회사가 됨
2010년	야마모토 아키노리(山本晃則)가 3대 사장으로 취임
2019년	나카타 유가 4대 사장으로 취임

주: 키엔스와 오카산증권(岡三証券)의 자료를 바탕으로 작성

키엔스의 전신인 리드전기가 설립된 것은 1974년으로, 2024년이면 창립 50주년을 맞이한다. 대기업 제조 업체 중에서는 비교적 젊은 기업에 속한다. 창업자인 다키자키 다케미쓰는 1964년 아마자키공업고등학교를 졸업하고 외국계 제어기기 제조 업체에 입사했다. 1970년에 독립해서 전자기기 제조사와 조립 하청 업체를 설립했지만 모두 실패로 끝났다. 현재 사명인 키엔스로 변경한 것은 1986년이다. 키엔스는 'Key of Science'에서 따왔다.

국내외에서 동시에 성장해온 키엔스
| 지역별 매출액 추이 |

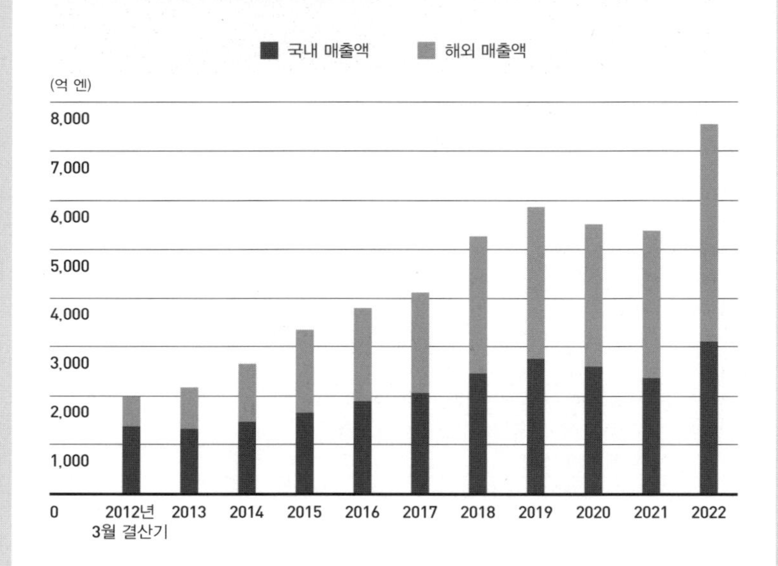

키엔스는 최근 10년 동안 매출이 4배 가까이 늘었다. 성장의 중심은 해외지만 국내에서도 착실하게 매출을 늘려왔다. 국내에서는 신제품 개발과 판매 확대가, 해외에서는 거점 확충과 고객 기반 확대가 성장의 원동력이 됐다.

2022년 3월 결산기의 해외 매출 비율은 58.9%다. 일본 제조 업체는 해외 매출 비율이 높아지면 초기 투자 때문에 이익률이 낮아지는 경향이 있는데, 키엔스의 영업이익률은 변함이 없다. 2015년 이후 8년 연속 50%를 넘었다.

사람에 대한 투자도 적극적으로
| 키엔스의 종업원 수와 연간 평균 급여 추이 |

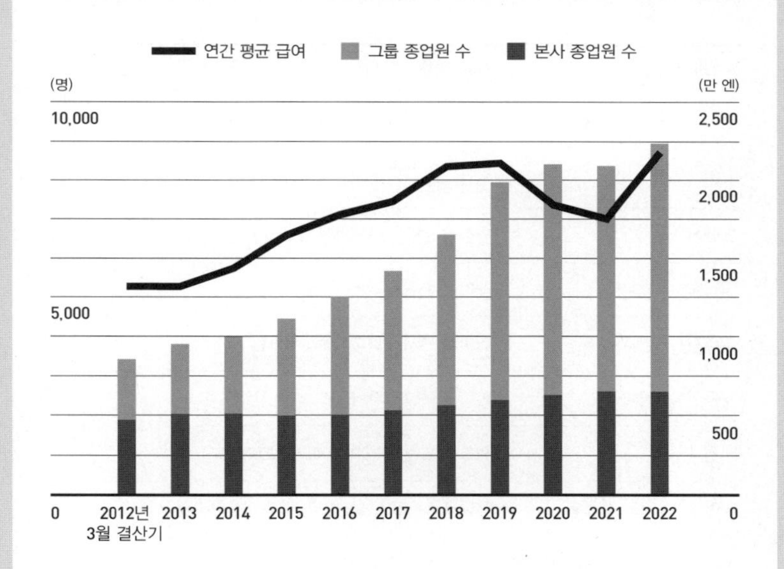

키엔스 그룹 전체 직원 수는 **10**년 동안 약 **2.6**배로 늘어났다. 해외 거점을 확충하는 데 따른 영향이 크지만, 본사 직원 수도 늘고 있다. 신제품 개발과 국내사업 확대에 발맞춰 **10**년간 **1.4**배 가까이 늘었다.

키엔스에서 직원의 보수는 실적과 연동하여 결정하는 구조여서 본사 직원의 연간 평균 급여도 지속적으로 상승해왔다. 물론 코로나**19** 시기에는 감소했지만 사상 최고 실적을 올린 **2022**년 **3**월 결산기에는 **2,183**만 엔까지 늘었다. 인재에 적극적으로 투자하고, 그것이 성과로 이어지고, 다시 인재에 더 투자하는 선순환이 이뤄지고 있다.

FA 관련 폭넓은 제품을 개발한다
| 9개 사업부와 주요 제품 |

사업부명	주요 제품
센서 사업부	파이버 센서, 근접 센서, 유량 센서
제어 시스템 사업부	PLC(프로그래머블 로직 컨트롤러), 터치패널 디스플레이, 서보모터
앱센서 사업부	측정기, 변위 센서, 측정 데이터 수집 시스템
정밀측정 사업부	레이저 변위계, 치수 측정기
이미지시스템 사업부	이미지 센서, 이미지 처리 시스템
자동인식 사업부	핸디 터미널, 2차원 코드 리더
마킹 사업부	잉크젯 프린터, 레이저 마커, 3D프린터
마이크로스코프 사업부	마이크로스코프, 형광현미경, 레이저현미경
메트롤로지(metrology) 사업부	이미지 치수 측정기, 3차원 측정기

키엔스는 센서 관련 핵심 기술을 보유하고 있으며, 1만 종이 넘는 제품을 생산한다. FA(공장자동화)가 주요 영역으로 자동차, 반도체, 전자기기, 기계, 화학, 식품 등 다양한 분야의 기업에 납품한다. 공장 이외에 테마파크나 물류시설, 연구기관처럼 물건을 운반하거나 검사하는 곳에서도 키엔스의 제품이 사용된다.

2장

키엔스
영업
사관학교

키엔스의 시그니처 '직판'

"키엔스에서 영업 3년 차면 초일류가 됩니다. 다른 회사라면 8년, 아니 10년은 족히 걸릴 겁니다."

경영컨설팅 업체인 콘셉트시너지コンセプト·シナジー의 다카스기 야스나리高杉康成 대표는 영업사원의 엄청난 성장 속도를 키엔스의 특징으로 꼽았다.

2022년 3월 기준 키엔스 그룹의 전체 직원 수는 8,961명이고, 그중 본사 직원은 2,599명이다. 키엔스가 영업사원의 숫자를 공표한 적은 없지만, 전체 직원의 절반에 가까울 것으로 업계에서는 보고 있다. 엄청난 수의 영업사원들이 일본 전역을 누비면서 고객사의 심층부까지 파고든다.

공장용 기기 제품에서 키엔스와 경쟁 관계인 오므론과 미쓰비시전기는 대리점이나 상사商社를 통해 제품을 판매한다. 하지만 키엔스는 다르다. 제품을 하나부터 열까지 꿰뚫고 있는 자사 직원이 직접 고객을 방문해서 영업하고 판매한다. 키엔스의 시그니처인 '직판', 즉 직접 판매다. 일본 제조 업체 중에서 직판 모델을 전면적으로 도입한 곳은 흔치 않은데, 키엔스는 설립 당시부터 이 전통을 이어왔다.

테슬라도 선택한 직판

직판 모델로 주목받는 회사 중 일론 머스크Elon Musk가 이끄는 미국의 전기자동차 제조사 테슬라Tesla가 손꼽힌다. 미국의 자동차 제조사는 일반적으로 딜러를 통해 판매한다. 하지만 테슬라는 자사의 전기자동차가 지닌 매력을 더 쉽게 전달할 수 있다고 판단하고 온라인상의 직판을 선택했다. 또 딜러를 거치면 수수료를 지불해야 하므로 이익이 줄어들며, 이익을 줄이지 않으려면 그만큼 가격을 올려야 한다는 문제도 있다. 지금은 인터넷을 통해 소비자와 직접 거래할 수 있는 환경이 무척 잘 갖춰져 있다. 제품 경쟁력이 높은 테슬라 입장에서 온라인을 통한 직판은 자연스러운 선택이라고 할 수 있다.

그런데 키엔스가 생산하고 판매하는 제품은 복잡한 산업용 기기다. 제품군의 분야도 폭넓어 온라인을 통해 고객에게 다가가기는 현실적으로 어렵다. 그래서 영업사원의 역할이 무척 중요하다.

키엔스의 영업사원들은 고객에게 어떤 방식으로 다가갈까? 3년 만에 초일류 직원이 될 정도로 성장 속도가 빠른 이유는 무엇일까? 키엔스 영업사관학교의 커리큘럼을 살펴보자.

O교시의 롤플레이

2022년 1월 어느 금요일 저녁, 도쿄 미나토구의 키엔스 영업소를 방문 중이었다. 하마마쓰초역에서 도보로 8분 정도 떨어진 곳에 있는 빌딩의 한 사무실이었다. 저녁 6시가 되자 일과를 마무리하는 의례 행사인 '롤플레이'가 시작됐다.

"지금은 손가락 한 마디 정도지만 전에는 주먹만 한 크기였습니다."

"소형화의 핵심은 지금 보시는 이 초록색 레이저입니다."

입사 9년 차인 센서 사업부 부장 가네다 신고兼田真吾가 공장용 레이저 센서를 손에 들고 열변을 토했다.

롤플레이는 상사와 부하, 동료들이 2인 1조로 실시하는 비즈니스 상담의 시뮬레이션을 말한다. 시간은 10분에서 15분 남짓으로 짧지만 매일 되풀이한다. 신제품 출시와 같은 이벤트성이 아니라 아침에 일어나면 양치질을 하듯이 당연한 일과다.

"시뮬레이션은 우리 회사에서도 합니다. 하지만 그만큼 철저히, 게다가 자주 하는 곳은 키엔스밖에 없을 겁니다."

경쟁사의 임원도 인정할 정도다. 가네다와 같은 베테랑 직원도 일주일에 몇 번씩 반복한다고 한다.

롤플레이를 지켜보니 다들 영업사원뿐 아니라 고객 역할도 능수능란했다. 그 고객이 제품을 처음 접하는지, 2차로 제안을 받는 상황인지, 그 기술에 숙련된 사람인지 등 미리 구체적으로 상황을 설정하고 역할을 나눠 롤플레이를 시작한다. 실제 고객인 양 맞장구까지 치면서 설명을 들은 다음, 간단한 제품 확인부터 기기의 세부 기능처럼 난이도가 높은

I 센서 사업부에서 영업을 담당하는 가네다의 롤플레이는 실제 상담을 보는 듯했다.(사진: 무라타 가즈토시)

질문까지 마구 쏟아낸다.

롤플레이의 꽃, 제품 시연

이때 중요한 것이 제품 시연이다. 가네다는 콘택트렌즈 케이스처럼 친숙한 소품을 활용해 레이저 센서의 특징을 단번에 이해할 수 있도록 설명했다. 백문이 불여일견이다. 카탈로그로 제품의 스펙을 장황하게 설명하는 것보다 직접 보여주면 빠르고 정확하게 전달할 수 있다.

최근 사업을 확장 중인 해외에서도 키엔스의 제품 시연은 반응이 뜨겁다고 한다. 영업의 핵심은 상대가 알기 쉽게 전달하는 능력이다. 키엔스에서는 고객 앞에서 제품 시연을 몇 번 했느냐도 핵심성과지표Key Performance Indicator, KPI에 포함된다.

"단어나 이야기 순서를 바꾸기만 해도 상대에게 전달되는 정보의 양과 깊이가 달라집니다."

가네다는 롤플레이 연습이 필요한 이유를 이렇게 설명했다.

실제로 고객 역할을 맡은 직원은 결정을 망설이거나 제안을 거절하면서 시나리오를 수시로 바꿨다. 또 구매 담당이나 현장 실무자 등 역할을 변경하면서 연기하자 가네다의 설명 스타일 역시 그에 맞춰 달라졌다.

가네다는 주로 후배 직원과 롤플레이를 하는데 일방적으로 지도하는 경우는 거의 없다. "이 고객에게는 이런 방식으로 제안하는 편이 좋다고 생각합니다"라고 오히려 후배에게 배우기도 한다. 그런 얘기를 듣는다고 해서 버릇없다고 화내는 상사는 없다. 지위와 상관없이 자유롭게 아이디어를 주고 받을 수 있는 수평적인 사내 분위기가 느껴졌다.

"제3자의 눈으로 보는 참신한 깨달음을 얻을 수 있어요." 가네다의 말이다.

양이 질을 만든다

키엔스의 롤플레이는 구체적으로 어떻게 이뤄질까? 관계자들을 취재하면서 몇 가지 특징을 발견했다.

첫째, 대본이 있다는 점이다. 일종의 시나리오로, 판매촉진부에서 상황별 설명이나 대화 내용을 정리해 대본을 작성한다. 모든 영업사원에게 제공되며 이를 바탕으로 영업의 기본 틀을 익힌다. 그런 다음 고객의 속성이나 상황에 따라 내용을 바꿔가며 응용법을 익힌다.

둘째, 롤플레이는 실전을 위한 연습이라는 점이다. '지도 역할을 맡은 선배가 지나치게 어려운 질문만 골라서 한다'라거나 '그 자리에서 답하지 못해 준비가 부족하다고 지적당했다'라는 등 롤플레이로 직원의 능력을 판단하려는 회사도 있지만, 키엔스는 다르다.

"롤플레이는 어디까지나 표현력과 설명법, 프레젠테이션을 연습하는 과정입니다. 순발력이나 대처 능력을 보기 위해 하는 것이 아닙니다."

키엔스 출신 한 OB의 말처럼, 키엔스에서 롤플레이는 직원의 우열을 가리는 평가 수단이 아니다. 고객이 원하는 것을 파악하고 시연을 통해 제품을 설명해서 구매품의서를 쓰게 하는 것, 그 결과를 얻기 위한 훈련 수단이다. 따라서 제품의 필요성을 설득하는 스토리가 중요하다고 그는 강조했다.

"내용 설명이나 질의응답 과정에서 고객에게 필요한 제품이라는 스토리를 전달해야 합니다."

일정한 스토리를 따라 영업을 했다면 결과를 복기할 때 어느 지점에서 성공과 실패가 갈렸는지 알 수 있다. 그러면 그 부분을 개선해서 다음 롤플레이에 활용할 수 있다.

직접 만나지 못하고 전화로 상담할 때도 있고, 현장에서 고객의 설비를 활용해 제품을 시연할 때도 있다. 모든 경우의 수를 생각해 롤플레이를 반복하고, 실제 상황을 대비하며 만전의 태세를 갖춘다.

셋째, 끊임없이 반복한다는 점이다. 롤플레이는 오래 한다고 좋은 게 아니다. 10분에서 15분 정도의 짧은 시간이라도 매일 반복하면 근육 트레이닝과 같은 효과가 나타난다. 그러고 나면 어떤 고객과 상담해도 성공으로 이어갈 수 있는 튼튼한 기초체력을 갖추게 된다.

"입사하고 처음 1년 반 동안은 아침, 점심, 저녁 할 것 없이 매일 반복했어요. 철저히 단련됐죠."

키엔스 영업사원 출신인 마쓰바라 슈헤이松原脩平 사장이 그 시절을 회상하며 말했다. 반복이 실력이 된다는 사실을 실감하는 매일이었다고 한다. 그 경험은 창업할 때도 도움이 됐다. 현재 구매 담당자를 위한 견적 시스템을 판매하는 회사 A1A를 운영하는 그는 창업 아이템을 재정비하려고 1,000명이 넘는 사람들에게 SNS로 메시지를 보냈다.

"양이 질을 만든다는 사실을 키엔스에서 몸으로 배웠습니다. 수백 번, 수천 번 되풀이하는 건 키엔스 직원들에게는 고생도 아닙니다."

영업사원의 일기장 '외보'

키엔스 영업사원의 하루는 꽤 빡빡하다. 통상 일주일에 2~3일은 내근일이다. 아침 8시에 출근해서 오전 중에는 전화와 이메일, 온라인 상담으로 기존 고객들을 관리한다. 오후에는 상품 제안이나 미팅 약속을 잡고 견적서를 작성한다. 전화는 하루 평균 30통에서 80통까지 돌린다고 한다.

나머지 이틀 또는 사흘은 외근일로, 하루 5건에서 10건 정

1일 5건의 고객 방문은 당연하다

| 키엔스 영업사원의 하루 |

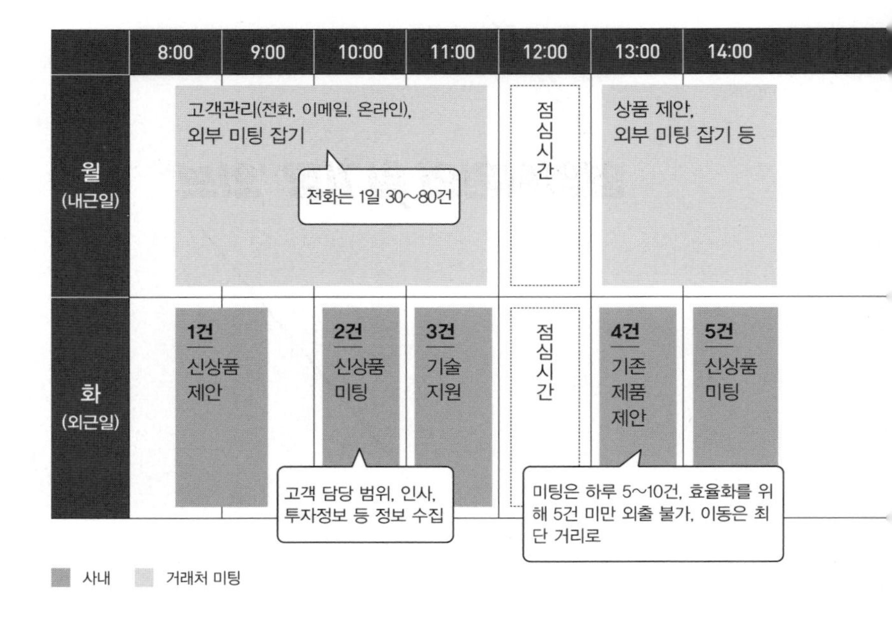

도의 미팅을 잡는 게 보통이다. 상담 약속이 5건이 안 되면 애초에 외근 허가가 나오지 않는다고 한다. 효율성을 극대화하기 위해서다. 한 OB는 당시를 회상하며 이렇게 말했다.

"신입 때는 하루 두 번밖에 미팅 약속을 잡지 못해 취소하기 일쑤였어요. 고생고생해서 얻어낸 기회라 많이 속상했

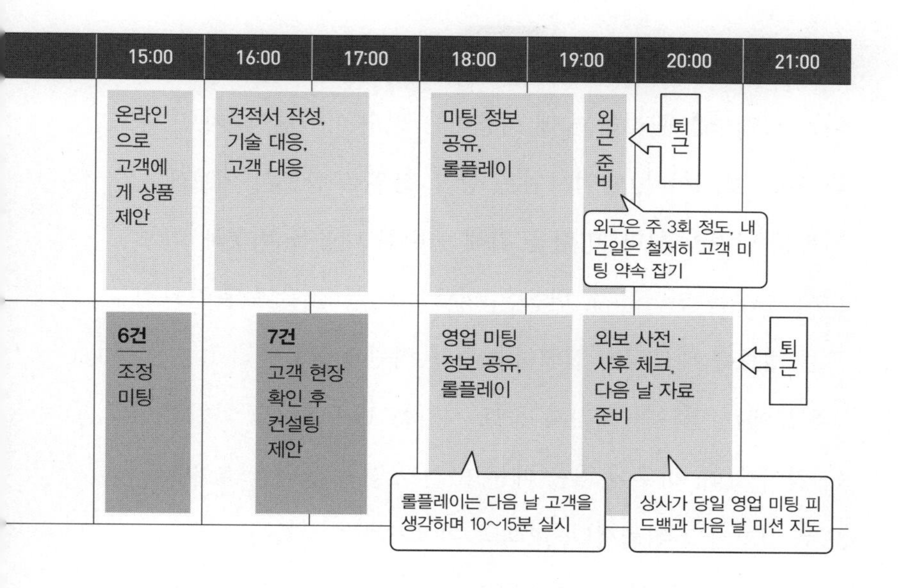

죠."

고객사와 미팅할 때는 신제품 제안만이 아니라 기술 지원, 컨설팅 제안까지 준비한다. 미팅 횟수가 그렇게 많은데도 매번 높은 수준의 상담을 할 수 있는 이유는 수많은 롤플레이를 통해 필요한 모든 행동을 이미 몸으로 익혔기 때문이다.

비대면 환경에서 더 중요해졌다

외근 스케줄을 관리하는 데 사용하는 필수 아이템이 '외보', 즉 외근 보고서다. 영업사원은 상담 전후로 반드시 외보에 기록을 남겨야 한다. 미팅을 위해 준비한 내용을 비롯해 어디서 누구를 만났는지, 반응은 어땠는지 등 상담과 관련된 모든 정보를 태블릿에 입력하고 모든 직원과 공유한다.

외보에는 면담의 시작과 종료 시각을 1분 단위로 기입하는 칸이 있다. 하루에 많을 때는 10건도 넘는 상담을 효율적으로 진행하기 위해서다. 고객과 이야기하는 시간이 길다고 좋은 건 아니다. 성과를 극대화하려면 상담 횟수와 질이 서로 시너지를 이뤄야 한다. 따라서 시간 효율을 반드시 의식해야 한다. 외보에는 상품을 알기 쉽게 설명하는 '시연'의 횟수도 기재하는데, 모두 영업사원의 KPI로 집계된다.

외보를 기입하는 데는 암묵적인 규칙이 있다. '상담 종료 후 5분 이내에 작성을 마치는 것'이다. 시간이 지나면 주관이 개입되거나 상세한 내용을 적기가 귀찮아질 수 있기 때문이다. 상담 과정에서 떠오른 아이디어나 인사이트를 즉시 기록해두면 고객의 니즈를 파악하기 쉽고, 다음 영업 전략을 세우는 데에도 도움이 된다.

영업사원의 하루는 외보를 바탕으로 현재 상황과 이후 방침을 상사와 의논하면서 마무리된다. 그날의 성과뿐 아니라 미리 작성해둔 다음 날 목표와 방문할 고객에 대해서도 함께 의논한다.

한편 코로나19를 겪으면서 영업을 둘러싼 환경이 크게 바뀌었다. 대면 상담에 제약을 받게 된 대신, 화상회의라는 새로운 매체를 통해 더 효율적으로 고객들을 만날 수 있게 됐다.

"그래서 외보가 더 중요해졌습니다." 콘셉트시너지의 다카스기 대표는 외보 활용의 필요성을 강조했다. "고객과 직접 만나기 어려워진 지금이야말로 사전 준비가 제대로 되어 있지 않으면 상대도 해주지 않으니까요. 사전보고의 중요성을 알면서도 사후보고에만 의존하는 기업이 대부분인데, 키엔스에서는 외보를 보물 상자로 여깁니다."

다양한 기업을 컨설팅하는 그에 따르면 B2B 기업 중에서 사전보고를 실시하는 비율은 5%도 채 안 된다고 한다.

키엔스의 천리안, SFA

경쟁 업체의 제품을 취급하는 대리점의 한 직원은 이렇게 말했다.

"키엔스의 영업 방법은 온라인상에서 마케팅을 하는 회사에 가깝습니다. B2B 제품 업계에서 이토록 꼼꼼하게 진행하는 회사는 찾아보기 힘들 겁니다." 영업활동에 대한 키엔스의 치밀한 분석이 전통적인 제조 업체와 전혀 다르다는 얘기다. "방문 횟수 같은 단순 지표를 말하는 게 아닙니다. 접촉한 담당자의 내부 지위나 상담 시간과 내용을 분류하고, 반응 정도나 수주 성공률과 같은 실적을 보면서 영업활동의 방침을 결정하는 것 같아요."

그래서 키엔스의 영업은 성공률이 높다. 키엔스 영업의 핵심은 'SFASales Force Automation', 즉 영업 지원 시스템이다. 영업 상담의 진척 상황을 관리하는 SFA는 많은 기업이 도입하고 있지만, 키엔스는 이 시스템을 누구보다 철저히 활용한다.

키엔스의 영업사원은 SFA에 그날의 행동을 매일 기록한다. 영업활동의 기준으로 제시되는 통화 건수나 시간 등이다. 태블릿의 외보 자료도 자동 연동되며, 그 밖에 담당자가 직접 SFA에 입력하는 데이터도 있다.

외보는 직원 자신과 상사를 위해 메모를 해둔다는 의미가 크다. 그에 비해 SFA는 외보를 비롯하여 다양한 채널에서 수집되고 축적된 데이터를 활용하는 시스템이다. 다른 사업부서와 정보를 공유하기도 하고 통계적 분석을 위한 데이터로 쓰기도 한다.

실제 영업사원이 SFA 시스템을 어떻게 활용하는지 살펴보자. 먼저 경쟁 업체의 제품이 교체될 수요를 겨냥해 영업할 경우다. 대상의 크기를 정밀하게 측정하는 이미지 측정기를 예로 들면, 정밀측정기기 업체인 미쓰토요Mitutoyo가 키엔스의 강력한 경쟁자다. SFA 시스템에 회사명 미쓰토요와 이 회사의 한 세대 이전 제품명을 키워드로 입력하면 현재 이 제품을 보유 중인 회사들이 죽 나열된다. 영업사원들이 현재 보유 기종이나 과거에 구입을 검토했던 기종 등을 고객과 상담하면서 알아낸 뒤 외보에 입력해둔 것이다. 그 자료는 다시 SFA에 저장됐다가 훗날 영업 상담의 유용한 자료로 활용된다.

SFA를 활용하면 키엔스의 신제품을 구입한 고객이 이전에는 어떤 기종을 보유했는지도 조사할 수 있다. 교체할 만한 기종이 발견되면 즉시 공략 대상으로 삼는다.

"최근 이 기종을 교체하는 업체가 늘고 있습니다. 지금 앞에 보시는 이 신기능 때문입니다."

이처럼 자신 있게 설명한다면 아무리 신중한 고객이라도 마음이 움직일 수밖에 없을 것이다.

기록하지 않으면 행동하지 않은 것

키엔스의 영업사원에게는 든든한 조력자가 있다. 본사의 판매촉진 부서로, SFA에 축적된 정보를 분석해서 영업 힌트를 제공한다. 예를 들어 '반년 이내에 리스 갱신 기한을 맞이하는 거래처'와 같이 고객 리스트를 보내기도 하고 '새롭게 발주한 고객의 O%가 과거 ×× 기종을 보유한 적이 있다'처럼 유력 잠재 고객을 알려주는 메일을 보내기도 한다.

최근 키엔스에서는 SFA 분석을 담당하는 데이터 사이언티스트들이 AI라는 새로운 무기를 활용하고 있다. 어떤 공통분모를 지닌 고객에게 영업해야 수주 확률을 높일 수 있을지 AI로 찾아내는 시스템을 구축한 것이다. 어떤 행동이 성과로 이어지는지도 분석 중이다. AI를 이용하면 사람마다 정보가 균일하지 못하다는 점을 보완할 수 있다. 이 과정에서 구축한 데이터 분석 프로그램인 KI도 판매가 개시됐다.

"도대체 어떻게 알았지?"

고객으로서는 신기하겠지만 키엔스의 천리안은 결코 마법

이 아니다. 그 뒤에는 수년간 꾸준히 쌓아온 질문과 답변, 그리고 결과를 착실히 기록해서 100% 활용할 수 있게 한 SFA가 있다.

나카타 사장은 키엔스 영업의 의미가 고객과 직접 만나는 데 있다고 말한다. 현장에서 고객의 의견을 착실히 듣기 때문에 생생하고 깊이 있는 정보를 쌓을 수 있다. 그리고 그 정보는 다시 고객의 가려운 곳을 긁어주는 절묘한 제안으로 탄생한다.

▎나카타 유 사장. 1974년생으로 1997년에 키엔스에 입사하여 영업에 발을 디디고 2019년 12월에 사장으로 취임했다.(사진: 유키토모 시게하루)

말만 들으면 꽤 간단한 일처럼 느껴진다. 하지만 문제는 모든 직원이 한 사람도 빠짐없이 매일 철저히 실행할 수 있느냐다. 키엔스 직원들은 '기록하지 않으면 행동하지 않은 것'이라고 생각한다. 다음 영업활동의 힌트가 될 수 있는 정보를 온갖 방법을 써서 고객에게 알아낸 뒤, 그 성과와 자신의 행동을 세세하게 기록한다. 수고스러운 작업이지만 철저히 할수록 수준 높은 영업을 할 수 있고 효율 또한 극대화된다. 게다가 SFA에 축적해두면 사람이 바뀌어도 데이터는 남는다. 사람에게 의존하지 않고 회사가 효율적인 영업활동을 지속할 수 있는 이유다.

성과보다 프로세스를 관리한다

키엔스는 평균 연봉이 높기로 유명한 만큼 철저한 성과주의를 기반으로 인사평가를 하리라고 생각하는 사람이 많다. 보통 성과주의는 영업사원의 경우 수주 금액이나 전년 대비 계약 증가율 같은 '결과'로 평가하는 것을 의미한다. 하지만 키엔스의 직원 평가에서는 뜻밖에도 프로세스, 즉 '과정'을 중시한다. 급여에 반영되는 KPI에는 '실행하면 확실히 성공할 수 있는' 항목들이 설정돼 있다. 행동을 바꾸면 결과가 따라온다는 생각이 바탕에 깔려 있기 때문이다.

"58, 42, 66, 97···."

평일 오후 5시, 키엔스 영업소에서 한 직원이 모니터를 빤히 쳐다보고 있다. 화면의 표에는 두 자릿수의 숫자가 빼곡하다. 시시각각으로 바뀌는 숫자는 마치 주가가 변동하는 것처럼 보이기도 한다. 숫자를 확인한 직원은 안심했는지 가볍게 숨을 쉬고 바로 다음 업무에 돌입했다.

숫자의 정체는 영업사원이 그날 통화한 건수다. 자신의 통화 건수만이 아니다. 한 OB가 자신이 근무하던 때의 상황을 들려줬다.

"직원마다 통화 건수가 자동으로 수집되기 때문에 가장 최근 숫자를 체크할 수 있습니다. 다른 사람과 얼마나 차이가 나는지도 한눈에 알 수 있죠. 보통 15분에서 30분마다 체크합니다. 업무 종료 후에 확인했다가 다른 직원들의 통화 수에 놀라는 경우도 많아요. 그러면 다음 날부터는 더 열심히 전화를 걸게 되죠."

고객이 키엔스 홈페이지에서 제품 카탈로그를 다운로드하

면 직원이 곧바로 등록된 연락처로 전화를 건다. 고객이 따로 문의하지 않아도 한 달에 서너 번은 시장 상황을 세세하게 전달한다.

"PLC는 지금이라면 납품까지 3~4개월은 걸리는데 괜찮으실까요?"

너무도 열정적으로 연락하는 탓에 키엔스에서 전화가 오면 회의 중이라고 하라며 귀찮아하는 고객도 있다. 반면 묻지 않아도 업계 동향을 먼저 알려주니 굉장히 도움이 된다는 의견도 있다.

앞서 언급했듯이, 키엔스에서는 통화 횟수도 KPI에 포함된다. 다른 직원의 수치와 바로 비교할 수 있으므로 자신이 얼마나 해야 하는지도 객관적으로 알 수 있다. 스마트폰이 일반화된 지금도 여전히 전화 실적이 평가지표로 활용되고 있다.

이런 시스템하에서 자연스럽게 경쟁하는 분위기가 만들어지는데, 여기에는 '지기 싫어하는 성격'의 직원들도 한몫한다. 키엔스는 채용 시기부터 여러 차례에 걸쳐 성격 진단을 실시한다. 인사 부서에서 일했던 한 OB에 따르면 승부욕이 강한 사람들이 많은 편이라고 한다. 그런 직원들이기에 눈앞에서 엎치락뒤치락하는 숫자를 보면 지지 않으려고 더 열심히 전화를 걸게 된다.

구체적인 지표를 마련하고 실적을 가시화해서 행동을 촉진한다. 키엔스의 시스템은 명료하고 냉철한 만큼 변명의 여지가 없다.

KPI는 행동지표

키엔스의 KPI에는 상담 건수를 비롯해 의사결정권자의 관리 성공률 같은 지표가 수십 개씩 있다. 지표는 모두 영업 과정에서 나타나는 구체적인 행동이며, 성공 확률 역시 통계적으로 제시된 것들이다.

지표의 근거는 영업사원이 매일의 행동을 기록해놓은 정보다. 한 OB는 자신과 타인의 수치를 비교하면서 늘 KPI를 올리기 위해 의식적으로 행동했다고 말했다.

사업부마다 KPI의 종류나 결과를 제시하는 방법이 다르다. 매주 1위부터 최하위까지 순위를 발표하는 곳도 있다. 하지만 KPI는 구체적인 행동지표이며, 종류가 다양하고 결과를 수시로 피드백해서 개인의 행동을 개선하는 데 활용한다. 따라서 각종 KPI의 실적에서 자신의 과제를 정확히 알 수 있다. 예를 들어 수주율이 나쁘다면 통화 횟수가 적어서인지, 상담 건수가 모자라서인지, 아니면 전화한 대상을 잘못 선택해서인지와 같은 문제점을 확인하고 개선할 수 있다.

"이건 전사 공통은 아니었지만 제가 자주 쓰던 방법이에요."

한 OB가 영업활동을 복기하거나 인사평가를 위해 자신의 행동을 분석하던 시트를 보여줬다. 2,000개 정도의 칸이 그려진 표에는 숫자가 빽빽이 적혀 있었다. 누적 거래 업체, 거래 참가자, 상담 횟수와 상담 참여자, 방문한 회사, 신규 회사, 전화 발신 횟수와 수신 횟수, 업무 외 방문자 등 수십 개의 항목을 지표로 해서 각각의 월별 수치가 적혀 있었다. 전년 동월과 비교해서 몇 퍼센트 늘었는지 줄었는지도 알 수 있었다.

그가 특히 힘을 쏟은 활동은 의사결정권자를 중점적으로

공략하는 '키맨key man 전략'이었다. 키맨을 방문한 횟수가 늘자 그에 발맞추듯이 수주 단가와 금액이 증가하는 모습이 시트에서 한눈에 보였다. 그는 자신의 활동이 유효했는지를 검증하기 위해 결정권자가 아닌 사람과 상담한 횟수와 수주 상황도 함께 분석했다고 한다. 어떤 수단을 썼을 때 플러스가 되어도 그 반작용으로 다른 부분에서 마이너스가 나와 전체적으로 마이너스가 된다면 의미가 없다고 생각했기 때문이다.

"키엔스에서는 어느 한 부분을 개선했을 때 다른 부분에 어떤 영향을 미치는지 구체적인 숫자로 확인해야 한다고 가르칩니다."

성공 공식의 보물 상자

키엔스에서는 영업 실적이 좋은 직원을 칭찬하는 것으로 끝내지 않는다. '직원 A가 수주에 성공한 상담은 이런 조건이었다'라는 식으로 성공 패턴을 도출해서 다른 직원들도 실천하도록 권장한다.

한 OB에 따르면 고객사에서 3명 이상이 상담에 참여할 때가 성공률이 가장 높았다고 한다. 특히 사장 같은 의사결정권자와 현장 직원 2명인 경우가 가장 이상적이다. 의사결정권자는 현장 상황을 잘 몰라서 아무리 설명해도 제품의 우수성을 잘 이해하지 못한다. 하지만 함께 자리한 현장 직원이 눈을 반짝이며 설명을 듣는 모습을 보면 적극적으로 관심을 나타낸다.

"그래서 중소기업 사장님들께 전화할 때는 현장 직원과 꼭 함께 오시라고 부탁드린답니다." 그가 현직 시절의 노하우도 알려줬다.

어떤 면에서 키엔스는 이런 성공 패턴이 가득한 보물 창고라고 할 수 있다. 늘 데이터로 확인할 수 있기 때문이다. 몇 번째 상담인지, 몇 명이 참가했는지, 상대가 어떤 직책인지 등 모든 것이 데이터로 정리돼 있다. 모든 직원이 이 데이터를 바탕으로 성공 패턴에 가까워지도록 행동을 조정한 다음 실제 상담을 진행한다.

"숫자를 보면 내가 어떻게 행동해야 하는지 한눈에 알 수 있습니다. 그러니 귀찮아도 외보와 SFA 입력에 힘을 쏟을 수 밖에요." OB의 설명이다.

이는 영업활동을 최적화하는 방법인 '세일즈 인에이블먼트sales enablement'에 가깝다. 영업 지도, 도구 도입, 프로세스 분석 같은 각종 측면을 종합적으로 개선해서 영업의 효율성을 높인다. 구체적으로는 영업 데이터를 축적해서 각종 시책의 공헌도를 파악한다. 또 노하우를 공유해서 개인 역량에 대한 의존도를 낮추고 영업사원의 행동과 능력을 객관적으로 정의하고 평가할 수 있게 한다. 성과에 대한 평가가 엄격한 미국에서 2010년대부터 확대됐고, 영업의 성공 여부가 개인의 역량에 의해 좌지우지되는 것이 과제가 된 일본에서도 최근 주목받고 있는 방법이다.

키엔스는 세일즈 인에이블먼트를 실현하고자 2000년대 후반부터 그 시스템과 체제의 도입을 검토했다. CRMCustomer Relationship Management(고객관계관리) 프로그램을 제공하는 미국 세일즈포스Salesforce가 이 분야에 뛰어든 것이 2006년이라는 점만 봐도 키엔스의 선구안을 확인할 수 있다.

가시화에 대한 키엔스의 집념을 느낄 수 있는 에피소드는 수없이 많다. 신입 직원도 연수를 마치면 바로 일부 지역을 담당하므로 연수는 실전과 다를 바 없다. 한 OB가 입사 첫해에 받은 연수 이야기를 들려줬다.

"날마다 모든 제품에 대해 강의를 들었어요. 중간중간 시험도 있어서 학교로 돌아간 것 같았습니다. 테스트에서는 제품명이나 측정할 수 있는 컨베이어의 최대 속도는 얼마인가와 같은 제품 지식을 물었어요. 시험이 끝나면 매번 등수가 발표됐고, 성적순으로 자리를 바꿔가며 연수를 받았습니다. 마치 입시학원 같은 분위기였어요."

부서와 입사 연도에 따라 방식은 다를 수 있지만 연수 테스트의 결과조차 철저히 가시화하는 키엔스다운 면모를 엿볼 수 있다.

감시인가 구원의 손길인가, 해피콜

"해피콜 정말 대단했지?"

"맞아, 그 해피콜!"

키엔스의 OB들을 취재한 지 얼마 안 됐을 때다. 다들 옛날 생각이 난다며 이구동성으로 언급한 단어가 '해피콜'이었다.

해피콜은 주로 유통 업계에서 고객에게 구입한 상품 또는 서비스의 만족도나 이용 상황을 묻는 전화를 뜻한다. 즉, 판매촉진 수단 중 하나다. 그런데 키엔스에서는 전혀 다른 의미다. 상사가 부하 직원의 고객에게 거는 전화를 '해피콜'이라고 부른다.

"11월 12일 15시에 저희 OOO이 방문해서 신세 많이 졌습니다. 감사합니다. 제안은 만족스러우셨습니까?"

부하 직원이 고객의 수요를 완벽하게 알아냈는지, 고객이 만족할 만한 제안을 했는지 등을 확인하는 것이 가장 큰 목적이다.

영업사원은 외근일이면 10건이 넘는 미팅을 잡기도 하기에 그 모든 미팅을 완벽하게 수행하기는 쉽지 않다. 그런 부하 직원을 지원하기 위해 상사가 해피콜을 통해 부족한 점을 확인하고, 다음 상담에 임할 대책을 의논한다. 해피콜 역시 객관적인 수치로 기준이 제시돼 있다.

해피콜을 하는 과정에서 뜻하지 않게 직원의 태만이 들통나는 일도 있다. 한 OB에 따르면, 외보에 쓴 대로 상담이 이뤄지지 않았다는 사실이 드러나 몇몇 직원이 지도 대상이 됐고 부서 내에서 자정 작업이 이뤄졌다고 한다.

그런데 거짓말을 들킬 바에는 처음부터 제대로 하는 편이

낫다고 생각하게 하는 것이 해피콜의 목적이라면, 이 얼마나 구태의연한 관리법인가. 키엔스의 홍보 담당자에게 이에 대해 물어봤더니, 그는 단호하게 부정했다.

"해피콜은 사실 확인을 위한 것이 아닙니다. 고객에게 제대로 설명하지 못한 경우를 대비해서 상황을 확인하고 지원하는 수준입니다. 상사가 모든 상담에 동행할 수 있다면 좋겠지만 그러지 못하니 전화로라도 지원하겠다는 의도입니다."

목적은 어디까지나 고객에게 도움이 되기 위해서다. 해피콜을 '감시'로 볼지 '지원'이라고 느낄지는 사람마다 다를 것이다. 그는 이렇게 말을 맺었다.

"결국 직원의 장점도 단점도 상사는 정확히 관찰하고 있다는 이야기입니다. 키엔스에서는 거짓말하지 않는 것이 가장 중요하다고 가르칩니다."

사람이 자랄 수밖에 없다

키엔스에서는 하루 수십 건의 통화가 당연한 일이어서 전화에 관한 일화가 많다.

"모니터 기능을 써서 부하의 통화를 상사가 옆에서 듣는 일도 있어요."

OB들이 입을 모아 말했다. 처음에는 거부감을 느끼지만 서서히 익숙해진다고 한다.

"고객 응대가 힘들 때 상사가 대책을 적은 메모를 건네줘서 도움도 많이 받았습니다."

시간이 지나면 실수에 대한 기억이 불분명해지기 때문에 대책을 세우기가 어렵다. 쇠는 달궈졌을 때 두드려야 하듯이 그 자리에서 수정하고 지도해야 다음 실수를 방지할 수 있다.

영업사원의 고객 미팅에 지역 매니저가 동행하기도 한다. 하지만 주체는 어디까지나 영업사원이고 상사는 옆에서 가만히 듣고 있다가 미팅 후에 개선점을 제안하는 정도다. 부하 직원이 상사에게 먼저 동행을 요청하는 일도 있다고 한다.

키엔스는 아날로그와 디지털을 넘나들며 인재를 키운다. SFA를 활용한 정밀한 데이터 분석과 사람과 사람 사이의 커뮤니케이션, 두 가지 모두에 적극적이다.

"사람을 키우는 데 이렇게 필사적인 회사는 보기 드물 겁니다."

인사부에서 근무했다는 OB의 이야기에 저절로 고개가 끄덕여졌다. 키엔스를 취재하면서 비슷한 인상을 받았기 때문이다. 상대가 알기 쉽도록 하나하나 설명하고, 이해할 때까지 지치지 않고 반복한다. 고객에게도 부하 직원에게도 한결같은 태도다. 키엔스의 한 직원은 이렇게 말했다.

"사내 게시판에 질문을 하나 올리면 100개도 넘는 답변이 달릴 정도예요."

비즈니스는 현장에서 시작된다

2022년 초 수도권에 눈발이 흩날리던 어느 날, 닛산자동차日産自動車와 도호화학東邦化学 같은 대기업의 공장이 즐비한 지역에 자리 잡은 야마신필터YAMASHIN フィルタ의 요코스카연구소(현 요코스카 이노베이션 센터)를 찾았다. 취재에 응해준 오시타 다쓰히로尾下竜大 개발본부장은 키엔스 영업사원을 이렇게 회상했다.

"우리 같은 작은 연구소에 와서 그렇게 정성 들여 장비를 시연해줄 거라고는 생각지도 못했어요."

이날 연구소에서는 입사 2년 차의 개발직 여성이 키엔스의 주사전자현미경Scanning Electron Microscope, SEM을 사용해서 측정에 몰두하고 있었다. 측정 대상은 건설기계의 고장 방지용 유압 필터에 사용되는 섬유였다. 그물코 모양의 필터를 구성하는 섬유 한 올 한 올의 굵기가 허용 범위 안에 들어오는지 측정하는 것이었는데, 그 굵기가 나노미터(1미터의 10억

▎야마신필터의 연구소에서는 키엔스의 주사전자현미경을 사용한다.

분의 1) 수준이었다.

요코스카연구소가 키엔스의 SEM을 도입한 시기는 2018년이다. 그전까지는 말 그대로 아날로그식 작업이 끝없이 이어졌다. 먼저 유압 필터의 섬유를 현미경으로 촬영한 후 종이로 출력해서 자로 길이를 잰다. 그리고 촬영과 인쇄 배율에 맞춰 실제 치수를 계산하는 식이었다.

그 무렵 야마신필터는 건설기기 외에도 농업에 쓰이는 단열재와 같이 새로운 분야로 사업을 확대하던 중이었다. 연구소는 다종다양한 섬유의 개발 안건이 쌓여가자 작업의 효율화를 꾀하기 위해 SEM 도입을 검토했다.

야마신의 요청에 키엔스는 무척 빠르게 응했다. 야마신필터가 여러 회사의 제품을 비교하려고 홈페이지에서 카탈로그를 신청하자마자 바로 전화를 했고 제품 시연도 제안했다. 야마신은 이 분야의 전통 강자인 호리바제작소堀場製作所나 히타치제작소日立製作所에도 문의했지만 그들은 카탈로그만 달랑 보내왔다. 야마신필터 측에서 찾아가 제품 시연을 요청할 수도 있었지만 '우리 같은 작은 회사에 시연을 해주겠어?'라는 생각에 포기했다.

그런데 키엔스의 직원이 약속한 날짜에 SEM을 소중히 껴안고 연구소 계단을 빠른 걸음으로 올라왔다. 인사를 적당히 마치고는 바로 SEM 설치에 돌입했다. 장치 안에 섬유를 넣고 내부를 진공으로 만들어 측정 준비를 마친 후 전자선을 조사해서 섬유의 굵기를 측정했다. 오시타가 가장 만족한 부분은 누가 조작해도 같은 정밀도가 나온다는 점이었다. 키엔스의 SEM은 측정하고 싶은 범위를 마우스로 지정할 때 조금 벗어나더라도 정확하게 경계선을 선택해줬다.

연구소에서는 5명이 이 장치를 쓰는데 사람에 따른 편차가 없고 실수를 보정할 수 있는 기능이 강점이라고 말했다. 요즘은 경쟁사에서도 동일한 기능을 도입하는 추세지만 당시로서는 획기적이었다. 그런데 키엔스가 제시한 가격이 타사 제품보다 20% 정도 비싸서 품의를 통과시키는 데 시간이 조금 걸렸다고 한다. 하지만 당일 출하가 강점인 키엔스답게 결재가 나기도 전에 배송 준비가 끝나 있었다며 오시타는 웃었다.

영업사원인가, 엔지니어인가

"영업사원이 프로그래밍까지 할 줄 알아서 깜짝 놀랐어요." AGC의 생산기술 담당자가 들려준 이야기다. "하루는 장치를 이런 식으로 써보고 싶다고 상의했더니 키엔스의 영업사원이 그 정도는 자기도 할 수 있겠다고 해서 든든했습니다. 다른 데 같으면 고객센터에 물어봐야 했을 거예요. 그러면 시간이 걸리잖아요. 키엔스는 현장에서 직접 해결하는 방식을 중요시하는 것 같아요."

비슷한 장면이 지금 이 순간에도 일본 전역에서 펼쳐지고 있다.

"잠깐만 기다려주시겠습니까?"

FA기기 대리점 직원이 고객을 방문해 상담하는 중에 고객의 핸드폰이 울렸다. 수화기 너머 들리는 소리로 짐작건대 키엔스의 영업사원 같았다.

"지금 말입니까? 잠깐이라면 괜찮아요."

고객은 미안하다는 듯 눈짓을 하더니 마우스를 움직이며

컴퓨터 화면을 들여다봤다. 그러고는 무엇인가 요청했고, 잠시 뒤 "왔어요. 고마워요" 하고 전화를 끊었다. 나중에 물으니 대리점 직원이 방문할 때까지 마냥 기다리느니 방법을 찾기 위해 키엔스에 문의를 해봤다고 한다. 그러자 문제를 해결하는 프로그램을 보내준 것이다. 전화로 물어봤을 뿐인데 몇 분 만에 해결책을 찾아 대응해준 것이다.

"경쟁 업체이지만 인정할 수밖에 없어요. 정말 대단한 회사예요."

키엔스 영업사원의 실력을 눈앞에서 확인한 대리점 직원은 당시를 회상하며 고개를 절레절레 흔들었다.

일본 제조 업계의 모세혈관

키엔스의 9개 사업부는 전국을 바둑판처럼 구역별로 나누고 있으며, 각 영업사원은 자신이 담당하는 제품을 세일즈한다.

"옛날부터 오므론 영업사원의 차는 구매부 주차장에 있고 키엔스 차는 공장 주차장에 있다고들 했어요."

글로비스 경영대학원의 시마다 쓰요시嶋田毅 교수의 말이다. 키엔스의 현장주의는 유명하다. 전국의 영업 거점에서 직원들은 고객의 현장에 밀착해서 해결할 과제나 참신한 제안을 탐색한다.

생산 현장에 직접 들어갔는지 아닌지를 외보에 기입하는 습관도 있다. 공장 실사를 중시하는 태도는 신입 직원들에게도 그대로 계승된다. 키엔스에서는 신입이 들어오면 선배의 외근에 동행하는 연수가 있다. 하루 5건이 넘는 미팅을 전부 함께 다닌다. 선배들이 매번 고객에게 현장을 보여달라고 요청하는 바람에 공장 견학 다니는 것 같았다고 회상하는 직원도 있었다.

발이 닳도록 현장을 드나들며 고객의 문제를 함께 해결하려는 키엔스의 영업사원들. 야마신필터의 오시타는 그들의 노력을 높이 평가했다.

"다른 회사가 한 번 찾아올 때 키엔스의 직원은 100번도 넘게 왔어요."

전국의 공장을 누비는 그들의 모습은 마치 일본 제조 업계에 피를 돌게 하는 모세혈관 같다.

고객을 취재하는 영업사원

'발로 뛴다, 결과만 좋으면 된다, 근성이 전부다.' 영업 하면 떠올리는 모습이지만 키엔스의 영업 스타일은 전혀 다르다. 이들은 무엇이든 이치를 따지고, 고객의 진정한 니즈를 끌어내는 것을 가장 중요한 임무로 여긴다. 그 니즈는 고객에게 제시할 참신한 아이디어를 생각해내거나 새로운 제품을 개발하는 데 힌트로 쓰인다. 고객을 '취재'하는 그들의 기술력을 살펴보자.

숨어 있는 니즈를 찾아서

"고객이 말하는 니즈 뒤에 숨은 니즈까지 파악해라."

키엔스에서 상사가 부하 직원에게 입이 닳도록 하는 말이다. 특히 고객 미팅이 끝난 뒤 방문 목적과 목표, 고객에게서 입수한 뉴스나 배경을 설명하고 나면 어김없이 듣는 말이다. 입사 후 연수에서도 고객이 말하는 '니즈'와 고객 스스로도 깨닫지 못하는 '잠재 니즈'를 구별해서 생각하도록 철저히 가르친다.

키엔스 출신으로 컨설팅회사 가쿠신Kakushin을 창업한 다지리 노조무田尻望는 이렇게 말했다.

"고객이 태블릿 단말기가 필요하다고 말합니다. 어떤 태블릿이냐고 물으니 '기능이 많고 쓰기 편한 것'이라고 해요. 그러면 보통 최신형의 가벼운 단말기나 화면이 커서 보기 쉬운 기종을 권합니다. 고객의 니즈에 대한 구체적 제안인 셈이죠. 하지만 키엔스 직원은 숨은 니즈를 캐냅니다. 왜 태블릿 단말기가 필요한지, 태블릿을 구입해서 어떤 성과를 내고 싶은지 묻습니다. 그렇게 계속 파고들다 보면 '더 효율적으로 일하고 싶다'라는 고객의 최종 목적이 드러납니다. 출장이 잦아서 신속하고 편리하게 정보를 공유할 수 있는 환경이 필요하다는 사실을 알게 되기도 하죠. 그러면 알맞은 태블릿 기종은 물론 내부 정보를 공유하는 데 적절한 프로그램도 함께 세팅해서 제안합니다. 고객이 직면한 과제를 해결하는 최적화된 컨설팅인 셈이죠. 진짜 니즈는 고객 자신도 깨닫지 못할 때가 많습니다. 영업사원의 '왜'라는 질문에 답하면서 비로소 알아차리게 되죠. 키엔스에서는 입사 후 반년에 걸친 연수 기간에 '여기까지 질문하라'라고 구체적으로 가르칩니다."

키맨을 찾아라

잠재 니즈를 탐색할 때 특히 주목하는 것은 누가 구매를 결정하는가, 즉 의사결정권자다. 시마다 교수는 "키엔스 직원은 키맨을 신속하게 파악하고 그들의 관심사에 딱 들어맞는 제안을 합니다"라고 평가했다.

영업활동의 다양한 정보를 축적하는 SFA 시스템에는 고객 중 누가 키맨인지, 해당 인물의 성격과 구매 결정 시의 습관 등도 기록돼 있다. 키맨 정보는 분기나 반기에 한 번씩 주기적으로 갱신한다. 키엔스의 영업사원은 고객과 상담하면서 구매 결정의 진행 방식과 키맨, 그리고 키맨에게 영향을 미치는 인물의 요구사항을 꼼꼼히 확인하고 기록한다.

잠재 니즈를 찾아내는 키엔스의 노하우는 무엇일까? 키엔스 출신 직원들은 "전체를 시야에 넣고 부분의 문제를 해결하는 것"이라고 입을 모았다. 예를 들어, 배터리 제조 업체가 절단 공정에 대해 상담을 요청했다고 하자. 보통은 절단물과 절단법을 알아보고 공정에 적합한 제품을 제안한다. 하지만 키엔스 직원은 다르다. 배터리 제조 공정 전체에 대한 지식을 머릿속에 넣고 상담에 나선다. 전체 공정의 최적화까지 염두에 두고 먼저 고객이 원하는 부분인 절단 공정을 상담하면서 진정한 니즈를 함께 찾아낸다.

"공동의 목표로 신뢰 관계를 구축하고, 이 사람과 함께하면 프로젝트가 성공할 거라고 확신하실 수 있게 노력합니다." 한 OB가 현역 시절의 마음가짐을 들려줬다.

방대한 분량의 학습이 요구되는 것은 말할 필요도 없다. 키엔스 영업사원이 어떻게 공부하는지에 관해 창업자 다키자키 다케미쓰는 〈닛케이 비즈니스〉와의 인터뷰에서 이렇게 말했다.

"우리 직원들은 정말 열심히 공부합니다. 제품이 출시되기 한 달 전부터 기술자가 강사 역할을 맡아 몇 차례씩 스터디를 하죠. 출시 후에도 학습은 계속됩니다. 상담을 통해 고객의 요구사항이나 의견을 모아 시행착오를 되풀이하며 영업 전략을 세웁니다. 우리 영업사원들은 고객을 방문하는 시간보다 사내에 머무는 시간이 더 깁니다. 그만큼 제대로 공부하고 있다는 거죠. 고객들이 우리 제품의 강점을 알아주시는 이유가 이것이라고 생각합니다."

히트상품의 실마리, 니즈 카드

키엔스에는 영업사원의 취재 성과를 상품 개발에 활용하는 시스템이 있다. 모든 직원이 매월 1건 이상 제출해야 하는 '니즈 카드'다. 니즈 카드는 '세상에 아직 이런 기능을 지닌 제품은 없다'라는 식으로 기입한다.

예를 들어 센서 사업부의 가네다 부장은 '지금은 주먹만 하지만 장기알 크기로 소형화하고 싶다'라고 썼다.

"고객의 니즈에 부응하지 못했던 아쉬움을 털어놓는 기회도 됩니다." 콘셉트시너지의 다카스기는 니즈 카드의 효과를 이렇게 평가했다. "기술과 제품을 이해하는 사람이 고객의 니즈를 정확히 파악하고 기록하기 때문에 히트상품 개발로 이어질 가능성도 큽니다."

고객의 이야기를 그대로 적은 카드는 별 쓸모가 없다. 이야기의 핵심을 이해하는 능력과 니즈 카드의 질은 정비례한다. 무심코 흘린 이야기도 놓치지 않고 니즈 카드에 적는 세심함이 히트상품의 실마리가 된다.

부서 간 벽을 넘는 ID제도

"영업사원들 실력도 뛰어나지만 회사 전체가 한 몸처럼 일사불란하게 움직이니 당해낼 수가 없어요."

FA기기 판매 대리점의 한 영업사원이 경쟁 업체인 키엔스의 저력에 감탄한 듯 말했다.

앞서 살펴봤듯이, 키엔스는 상품 분야별로 사업부를 이룬다. 범용 센서는 센서 사업부, 이미지 센서는 이미지시스템

사업부 등 전부 9개의 사업부가 있다. 영업사원은 자신이 속한 사업부의 상품 영업을 담당하고 지역을 할당받는다. 즉 하나의 지역에 상품 분야별로 9명의 영업사원이 있는 셈이다. 이를 키엔스에서는 '지역구 제도'라고 부르는데, 영업사원은 자기 지역의 시장분석이나 영업 전략의 입안과 실행을 책임진다.

키엔스의 사업부는 수직적으로 나뉜 조직인 만큼 사업부 간 연대는 어려울 것으로 보인다. 그런데도 경쟁자의 표현처럼 '회사가 한 몸처럼' 움직일 수 있는 이유는 무엇일까? 키엔스의 독특한 시스템을 들여다보면 알 수 있다. 바로 'ID제도'다. 다른 사업부에 고객을 소개하여 계약이 성립되면 소개한 직원에게도 보너스를 주고 평가에도 반영하는 제도다.

예를 들어 범용 센서의 영업사원이 고객의 니즈를 파악하던 중에 이미지 센서의 수요가 있다는 사실을 알게 됐다고 하자. 자신에게 이익이 없다면 일부러 다른 사업부를 찾아가 소개하는 수고를 하지 않을 수도 있다. 그러면 회사는 수주 기회를 놓친다. 그런 기회 손실을 막기 위해 마련한 것이 ID 제도로, 사업부 간 벽을 넘어 팀워크를 발휘하게 해준다.

"소개를 많이 하면 표창장도 받으니까 용돈벌이 삼아 열심히 소개했어요."

"한 분기에 5만 엔 정도의 보너스를 받았습니다."

직원들의 반응도 긍정적이다.

이기자, 오므론!

ID제도는 30년 전인 1990년대부터 시작됐다. 탄생의 배경에는 FA기기 대기업인 오므론이 있다. 교토시에 본사가 있는 오므론의 매출은 당시 4,000억 엔을 넘어선 데 비해 키엔스는 250억 엔 남짓으로 15배 이상 차이가 났다.

업계 전시회가 열렸을 때 키엔스의 부스는 오므론의 10분의 1 정도 크기밖에 되지 않았다고 한다. 그마저도 찾아오는 사람이 없어서 오므론 부스 앞에 모인 고객들을 붙잡고 키엔스 상품을 소개할 정도였다. 그래도 오므론 직원들은 자리에 앉아 별 신경도 쓰지 않았고 오히려 '고생이 많네' 하는 표정으로 자신들을 쳐다봤다고 한다.

"계란으로 바위 치기 같았죠."

키엔스 출신인 오카와 가즈노리大川和義가 당시를 회상하며 웃었다.

그 무렵 교토 영업소장으로 승진한 오카와는 창업자 다키자키에게 오므론을 반드시 쓰러뜨리겠다고 큰소리를 쳤지만 문제가 있었다. 사업부 사이의 벽이었다. 사업부라고 해봐야 두 곳뿐이었지만 묘한 경쟁 의식 때문에 소통이 어려웠다. 오므론이라는 거대한 적을 앞에 두고 안에서 경쟁하느라 비즈니스 기회를 놓칠 수는 없었다. 오카와는 다른 사업부의 제품 지식을 쌓아 기회가 있을 때마다 고객에게 제안해야겠다고 생각했다. 그렇게 탄생한 것이 사업부 간 소개제도인 ID제도다.

오카와는 먼저 교토 영업소의 독자 시스템으로 ID제도를 시작했다. 이후 교토에서 열린 전국 영업대회에서 이 제도를 소개했는데 직원들의 반응이 뜨거웠다. 사실 고객에게는 어느 사업부든 중요하지 않기 때문이다. 이후 전국으로 제도가 확대 실시됐고 지금까지 이어지고 있다.

몇 년 전 A1A로 이직해 영업책임자로 재직 중인 니시지마

요시노리西島誉典도 ID제도와 비슷한 시스템을 제안해 운영한 경험이 있다.

"개인이 시도해본 방법이 좋다고 판단되면 부서나 지역, 사업부가 적극적으로 도입해서 운영합니다. 제가 개인적으로 시작한 시책을 이미지시스템 사업부에서 채택한 적도 있어요."

니시지마가 시작한 '설문조사 시책'은 예산과 제품 도입 희망 시기, 도입 이유 같은 필수 질문을 영업 상담을 시작하면서 기입하게 하는 제도다. 발주율을 높이기 위한 니시지마 개인의 노하우였는데, 상담을 더 효율적으로 할 수 있었고 수주율도 높아졌다. 그러자 따라 하는 영업소가 하나둘 나왔고, 최종적으로는 사업부 전체로 확대 시행됐다.

개인의 성장에 맡기지 않고 성과를 낳는 행동을 촉진하는 시스템을 고안해서 조직에 도입한다. 개인은 시스템에 따라 매일 행동을 완수한다. 그것이 조직의 성과로 열매를 맺고 다시 개인의 성장으로 이어진다. 키엔스 영업부대를 관통하는 이 발상은 1990년대 이래 바뀐 적이 없다.

3장

키엔스의 브레인, 개발 부대

'세계 최초' 제품을 누구나 편리하게

"잘 보셔야 합니다. 눈 깜짝할 새니까요. 불꽃을 놓치지 마세요."

2022년 1월 중순, 새하얀 바닥이 인상적인 키엔스 본사 1층의 비즈니스 상담실. 마이크로스코프 사업부 상품 개발 그룹의 히로세 겐이치로廣瀨健一郎 매니저가 거듭 당부했다. 눈앞에는 탁상형의 디지털 마이크로스코프가 놓여 있었다. 물체의 표면이나 미세한 형상을 관찰하는 현미경이다. 초점을 맞추거나 관찰 부분을 움직이면서 고배율로 촬영한 이미지를 바로 확인할 수 있는 디스플레이 장치도 옆에 놓여 있었다.

이 장치로는 물질의 외관을 관찰할 수 있을 뿐 아니라 원소 분석까지 가능하다. 광학현미경으로 따지면 대물렌즈에 해당하는 '헤드'를 '레이저 원소 분석 헤드 EA-300 시리즈'라는 특수 모듈로 바꿔 조합한 확장 타입이다. 이 현미경 한 대만 있으면 물체의 원소도 고배율로 관찰할 수 있다. 2021년 키엔스가 출시해서 크게 히트한 상품이다.

히로세가 눈앞의 현미경을 조작하자 스테이지에 놓인 금속과 헤드의 렌즈 사이에 순간적으로 스파크가 일었다. 미리 얘기를 듣지 않았다면 못 보고 지나칠 정도로 작은 불꽃이었다. 10초 정도 지나자 옆에 있는 화면에 '철 77.1%, 크롬 15.9%, 니켈 7.0%'라는 수치가 떴다. 금속을 구성하는 원소 종류를 특정한 것이다. 히로세가 다시 한번 조작하자 이번에는 '스테인리스강'이라는 글자가 선명히 찍혔다. 물체가 어떤 금속인지까지 자동으로 알려준다.

키엔스의 디지털 마이크로스코프는 금속에 레이저를 조사

照射할 때 발생하는 플라스마 발광을 관찰해서 물질에 포함된 원소와 그 비율을 판정한다. 당시는 X선을 사용하는 원소 분석 장치가 일반적이었다. 하지만 물체 표면에 복잡한 처리를 해야 했고 X선을 조사하는 공간을 밀폐해서 진공으로 만들어야 했다. 하지만 키엔스 제품은 어디서나 손쉽게 이용할 수 있다. 실제 장비 시연도 평범한 사무실에서 이뤄졌다. 또 별다른 준비 없이 물체를 스테이지에 놓기만 하면 즉시 분석이 가능하다. 레이저 방식의 원소 분석 장치는 타사에서도 판매하지만 키엔스는 더 작게 그리고 누구나 사용하기 편리하게 만드는 데 집중했다. 그 결과 탁상형 마이크로스코프 헤드가 개발됐다.

또 하나, 대히트의 일등 공신은 물질 이름까지 추정해내는 'AI 서제스트' 기능이다. 원소 분석 장치로는 '세계 최초'다. 금속 외에도 소금, 약품, 탄산칼슘 등 수많은 물질의 원소 패턴이 데이터로 저장돼 있어서 원소 분석 결과와 대조하면서 물질명을 도출해낼 수 있다. AI 서제스트 기능은 어떻게 개발됐을까? 히로세의 설명을 들어보자.

▎자신이 개발한 원소 분석 장치를 설명하는 히로세 매니저(사진: 곤 노리유키)

꼬리에 꼬리를 무는 추가 기능

"이것만 좀 해결되면 좋겠는데 말이야."

히로세와 개발팀은 어떤 문제를 놓고 고민 중이었다. 처음부터 '누구나 간단히 쓸 수 있다'를 콘셉트로 레이저 방식의 원소 분석 장치를 개발하고 있었다. 그때까지는 대상 물질을 알고 싶다면 사용자가 직접 책이나 자료를 조사해야만 했다. 예를 들어 공장에서 제품을 생산하는데 알 수 없는 이물질이 혼입됐다고 하자. 분석 장치로 이물질이 섞였다는 사실까지는 알 수 있지만, 어떤 물질인지는 알 수 없었다. 만약 물질까지 자동으로 알 수 있다면 어느 공정에서 섞여 들어갔는지 찾아낼 수 있을 것이다.

애초 개발 계획에는 물질 이름까지 찾는 기능은 포함되지 않았다. 그런데 편의성을 모색하다 보니 '이 분야를 잘 모르는 사람도 쉽게 쓸 수 있게 만들자'라는 의견이 나왔다. 그러면 지금까지 원소 분석 장치를 쓰지 못하던 공장이나 고객들에게도 판매할 수 있기 때문이다.

"시험용 기기가 다 만들어졌는데 그제야 또 다른 기능이 제안되는 경우도 많습니다. 물론 기술적으로는 힘듭니다. 하지만 '이젠 늦었어'라거나 '이 정도면 충분해'라고 타협하는 사람은 없어요. 우리의 공통 목표는 최대의 부가가치를 만들어내는 것이니까요. 해볼 만한 가치가 있다면 일단 도전하는 것이 키엔스의 문화입니다."

정 필요하다면 상품 출시를 늦추기도 한다. 시기를 고집하느라 어설픈 제품을 제공하는 것보다는 최고의 부가가치를 만드는 일이 더 중요하기 때문이다. 키엔스 사람들에게는 당연한 일이다.

AI 서제스트 기능도 뒤늦게 제안됐는데, 이를 추가하려면 수천 종류에 달하는 물질의 특징을 등록하고 그 특징을 바탕으로 어떤 물질인지 골라내게 만들어야 했다. 그런데도 포기하지 않고 어떻게든 해내는 사람들이 키엔스 엔지니어들이다.

실력도 물론 우수하지만 어떤 마음으로 업무에 임하는지도 잘 알 수 있다. 최우선 목표는 가치의 최대화지만 그것이 스케줄 지연의 핑계는 될 수 없다. 도저히 어쩔 수 없다면 시기를 늦추지만, 기본적으로는 정해진 기일까지 끝내기 위해 키엔스 엔지니어들은 최선을 다한다.

최종 목표는 부가가치의 극대화

제조 업체의 개발 부서는 보통 정해진 스펙의 기기를 납기에 맞춰 완성하면 된다. 하지만 키엔스는 다르다. 제품의 가치를 조금이라도 더 높이려고 애쓴다. 고객의 니즈를 바탕으로 제품 스펙을 구상하는 일은 원래 기획 부서가 할 일이다. 하지만 개발 부서도 개선점을 적극적으로 제안하고, 실제로 고객을 만나 반응을 살피면서 상품의 가치를 더하려고 노력한다. 자신들의 수고로움이 상품의 부가가치를 끌어올린다는 사실을 알기 때문이다.

키엔스의 상품 개발에서 매출총이익의 기준은 80%다. 이 원소 분석 장치도 예외가 아니다. 히로세에게 80%는 좀 어렵지 않느냐고 묻자, 원가 절감을 위해 애쓰지만 기본적으로는 부가가치를 올리는 데 중점을 둔다고 답했다. 또 고객의 작업 시간을 얼마나 단축할 수 있는지, 작업량의 크기인 공수工数를 얼마나 줄일 수 있는지 등 가치를 늘리는 것이 자신들의 선결 과제라고 강조했다.

EA-300 시리즈의 개발 과정에서 부딪힌 난제는 AI 서제스트 기능만이 아니다. 어디서나 쓸 수 있도록 소형화하기 위해 접촉한 나라만 해도 10개국이 넘는다. 목표로 삼은 소형화 자체가 상식 밖이었던 탓이다. 그렇게 작은 기계로 어떻게 불꽃을 만드느냐며 다들 손을 내저었다.

포기하지 않고 부품 조달에 매달리는 한편, 내부 구조도 꾸준히 개발했다. 처음에는 한 변의 길이가 적어도 1미터는 되어야 한다고 생각했지만 최종적으로는 너비 28센티미터, 높이 37.5센티미터, 깊이 21센티미터의 케이스에 집어넣을 수 있는 소형화에 성공했다.

고객을 리드한다

키엔스 개발자들의 피와 땀의 결정체인 원소 분석 장치를 도입한 AGC의 생산기술 담당자는 "어떤 공구가 어떤 유리와 궁합이 맞는지 단시간에 파악할 수 있습니다"라며 무척 기뻐했다.

유리 제품을 완성할 때는 '모따기 가공'이라는 공정이 필요하다. 모서리를 깎고 갈아서 깨지지 않게 하고 손가락이 베일 위험을 없애는 과정이다. 또 빛이 굴절되는 면의 각도를 바꾸어 광택을 더하므로 고급스러워지는 효과도 있다.

AGC는 유리마다 적합한 공구의 재질을 알고 싶었지만 공구 제조 업체의 노하우라서 방법이 없었다.

키엔스의 원소 분석 장치를 도입한 AGC는 모든 공구를 샅샅이 살펴봤다. 유리 가공에 적합한 공구의 재질이 궁금하면 즉시 분석할 수 있는 키엔스의 장치 덕분에 분석 작업의 효율이 대폭 향상됐다. AGC는 새로운 부가가치를 얻었다고 평가했다. 키엔스가 '누구나 쉽게 쓸 수 있다'라는 목표를 추구한 덕분에 고객 기업을 새로운 혁신으로 이끌었고, 그와 더불어 상품 판매 기회도 넓힌 것이다.

고객이 원하는 상품을 만들지 않는다

"어떤 상품을 개발할지 고객에게 듣고 정하면 늦습니다. 요청대로 만들어도 부가가치를 올릴 수 없어요." 키엔스 창업자인 다키자키가 1991년 6월 〈닛케이 비즈니스〉 편집장과의 인터뷰에서 한 말이다. "개발진은 최신 시장 정보를 파악하고 고객이 미처 깨닫지 못하는 잠재 니즈를 캐내서 수면 위로 끌어올려야 합니다. 현재 키엔스 직원 760명 중 100여 명이 연구개발에 참여하고 있습니다. 그들이 의뢰받은 일이 아니라 스스로 과제를 발견하고 해결책을 찾아내도록 이끄는 것이 경영자가 할 일입니다."

그로부터 약 30년이 흘렀다. '고객이 원하는 것을 만들지 않는다'라는 가치관은 지금도 키엔스 상품 개발의 근간을 이룬다. 개발 부서를 이끄는 야마구치 쇼지山口昭司 부장은 이렇게 설명했다.

"목적은 어디까지나 부가가치의 창조입니다. 고객의 잠재적 수요를 충족시키는 상품과 서비스를 지속적으로 개발해 왔으니까요. 부가가치의 창조야말로 우리가 존재하는 이유입니다. 개발과 생산, 판매에 이르기까지 모든 직원이 제품으로 세상을 바꾸고 싶다고 생각합니다. 회사와 직원의 방향과 목표가 일치하는 것, 이것이 키엔스의 강점입니다."

오카산증권의 모로타 도시하루諸田利春 시니어 애널리스트는 키엔스를 '고객지향형 프로덕트 아웃product out'의 선구자라고 표현했다. 즉 생산자가 시장을 리드해서 상품을 개발하는 프로덕트 아웃 전략을 추구하지만, 목적은 어디까지나 고객에게 높은 가치를 제공하는 것이라는 뜻이다. 더불어 창업

후 이른 시기부터 키엔스는 고객의 숨은 니즈를 파악하고 시장보다 한발 앞서 상품을 개발해왔다고 평가했다.

야마구치 부장에게 최근 키엔스의 히트상품이 무엇이냐고 물었더니 이런 답이 돌아왔다.

"모든 제품이 히트상품입니다."

고객에게 새로운 가치를 제공하지 못하는 제품은 개발하지 않는다는 강렬한 자부심이 느껴졌다.

키엔스의 개발 담당 리더 야마구치 쇼지 부장(사진: 곤 노리유키)

기준은 매출총이익률 80%

키엔스가 부가가치의 기준으로 삼는 것이 '매출총이익률 80%'라는 수치다. 원가의 5배가 되는 가치를 만든다는 이야기다.

"명문화돼 있지는 않지만 하나의 기준으로 삼고 있습니다."

야마구치 부장의 말이다.

오랫동안 키엔스의 경영 모델을 연구해온 오사카대학교 대학원 경제학연구과의 노비오카 겐타로延岡健太郎 교수는 일본의 주요 전기 제조 업체의 매출총이익률이 30% 정도라고 밝혔다. 그러면서 키엔스가 부가가치를 높인 핵심은 '의미적 가치'라고 지적했다. 카탈로그의 스펙 같은 엇비슷한 '기능적 가치'만이 아니라 해당 고객에게 이 제품이 왜 좋은지, 어떻게 활용할 수 있는지 등을 쉽게 설명할 수 있는 것이 키엔스의 강점이라는 얘기다.

"기술력도 뛰어나지만 키엔스 사람들은 어떤 식으로 조합하면 팔릴지 너무나 잘 알아요." 경쟁 업체의 한 영업사원은 이렇게 말했다. "다른 업체도 기술적으로는 충분히 만들 수 있어요. 하지만 키엔스는 생각지도 못한 조합을 제안해요. 거기서 차이가 나는 거죠."

기능과 기능의 조합, 기능과 편의성의 결합으로 '다른 회사 것보다 훨씬 쓰기 좋다'라는 가치를 만들어내는 것이 키엔스의 승리 공식이다. 이 영업사원은 키엔스와의 경쟁에서 패했던 기억을 되짚었다.

"키엔스의 이미지 센서 중 'IV 시리즈'와 한판 붙은 적이 있는데 사용 편의성의 수준이 너무 달랐어요. 우리 제품도 기능은 절대 뒤떨어지지 않아요. 하지만 업무용이라 편의성은 소홀히 하는 측면이 있죠. 키엔스는 설비를 구축하는 전문가가 아니라 현장 사람들이 직접 기기를 세팅하고 조정하고 싶어 한다는 니즈를 파고들었어요. 순서대로만 하면 누구나 쓸 수 있게 만들어 오니 당해낼 수가 없었어요."

키엔스의 개발 부서는 따로 예산을 산정하지 않는다고 한다. 미리 금액을 정해놓고 기간 안에 소진하는 방식으로는 정말 필요한 곳에 투자하는지 어떤지 알 수가 없기 때문이다. 직원의 외근 하나에도 목적을 묻는 것이 키엔스 스타일이다. 목적을 명확히 설명하지 못하는 비용은 인정하지 않는다. 그런 만큼 필요한 투자라고 판단되면 망설이지 않는다. 상품을 기획할 때 개발에 어느 정도 공수와 비용이 드는지 미리 계산한다. 상품 생산으로 투자에 걸맞은 이익을 낼 수 있다고 판단되면 프로젝트 진행이 허가된다. 상품화에 대한 최종적인 결정은 '회사의 책임자'라는 뜻인 '사책社責', 즉 사장이 담당하지만 각 사업부에도 상당한 재량권이 주어진다.

후발 주자의 반란, 형광현미경

키엔스 상품 개발에는 전설 같은 이야기가 전해진다. 이른바 '형광현미경'의 역전극이다. 형광현미경은 세포에 특수 시약을 도포할 때 나타나는 미량의 빛을 관찰하는 장치다. 주로 생물 및 의학 연구에서 사용된다. 형광현미경 시장은 이미 여러 업체가 지배하고 있었고 키엔스는 뒤늦게 뛰어들었다. 후발 주자인 키엔스는 자신들만의 새로운 부가가치를 무기로 시장의 틈새를 파고들었다.

기존의 형광현미경은 암실에서만 쓸 수 있었다. 배경에 불필요한 빛이 있으면 정확히 관찰할 수 없기 때문이다. 키엔스가 발견한 광맥은 바로 이 지점이다.

'꼭 암실에서만 써야 할까?'

시료와 대물렌즈 주변만 케이스로 가려서 빛을 차단하면 번거롭게 암실에서 관찰하지 않아도 된다고 생각한 것이다. 공간에 구애받지 않고 작업할 수 있다면 효율도 오르고 분석에 걸리는 시간을 크게 단축할 수 있다.

알고 나면 간단하지만 키엔스가 이런 발견을 할 수 있었던 것은 우연이 아니다. 키엔스에서 영업과 상품 기획을 담당했던 콘셉트시너지의 다카스기 대표는 다음과 같이 분석했다.

"고객과 상담하다 보면 '분석 시간을 단축하고 싶다'라는 요구가 많습니다. 핵심은 그 '시간'을 어떻게 이해하느냐죠. 장치를 움직여서 분석 결과가 나올 때까지로 한정해서 이해하면 카메라의 성능을 높이거나 더 빠른 분석 프로그램을 개발하려고 들 겁니다. 말하자면 고스펙으로 해결하려는 방식이죠. 타사 제품과 차별화할 수 있다면 가능하지만, 그 정도는 얼마 안 가 따라잡힐 것이고 결국은 가격 경쟁이 될 수 밖에 없습니다. 하지만 분석 작업에 걸리는 총 시간으로 이해하면 암실 작업 자체가 효율성을 떨어뜨린다는 점에서 실마리를 찾을 수 있어요. 이것이 키엔스가 고집하는 '잠재 니즈'입니다. 몇십 년 동안 줄곧 암실에서 작업해온 고객은 너무나 당연해서 의문을 품지 못합니다. 고객이 미처 알아차리지 못한 숨은 니즈를 찾아낸 결과 '업계 최초', '암실 불필요', '형광 관찰과 분석 시간을 10분의 1로 단축' 등의 강점을 내세우며 후발 주자인 키엔스가 약진할 수 있었던 거죠."

고객 잠재 니즈와
개발 부서의 연결고리

키엔스가 고객의 잠재 니즈를 충족시키는 상품을 개발할 수 있는 이유 중 하나는 기획 부서가 개발을 주도하기 때문이다. 키엔스에서 영업과 기획 모두를 경험한 다카스기가 개발의 흐름과 특징을 설명해주었다.

키엔스에서는 상품 기획자가 다양한 아이디어를 비교·검토해서 기획을 입안한다. 그런 다음 프로젝트 리더로서 개발 부서, 영업 부서와 함께 상품을 완성한다. 이 과정에서 포인트는 세 가지다.

첫째, 상품 기획자는 영업과 개발의 중재역을 맡는다. 고객과 밀접한 영업사원과 새로운 기술에 정통한 개발자의 주장을 모두 참고하며 상품 기획을 구상한다. 아무리 큰손 고객의 요구라도 또는 세계 최고의 기술이라도, 고객의 잠재적 니즈와 관련성이 낮다면 개발하지 않는다. 기획자가 그 조정을 책임진다.

둘째, 상품 기획자는 장기간에 걸쳐 기획을 다듬고 완성해 나간다.

셋째, 상품이 완성되는 마지막 순간까지 상품 기획자가 관여한다.

공식적인 발표는 없지만 상품 기획 부서는 수십 명 규모의 소수 정예 부대로 주로 영업과 개발 부서의 베테랑들이 발탁되는 듯하다. 단순히 영업 실적이 좋다고 뽑히는 건 아니다. 고객의 니즈와 미래의 상품을 연결하는 센스가 필요하므로 전문 분야의 애널리스트처럼 시장 조사에도 능해야 한다. 무엇보다 기획 업무를 즐길 수 있는 적성이 우선이다.

알파이자 오메가, '니즈 카드'

상품 기획의 흐름은 다음과 같다. 상품화를 위해서는 두 가지 승인 과정을 거쳐야 하는데, 첫째가 '착수 승인'이다. 수많은 아이디어 중에서 시제품으로 제작할 만한 것을 골라 기획서를 제출한다. 기획자는 상품화를 검토 중인 아이디어를 늘 30개 정도 품고 있다고 한다. 그중 실제 착수되는 것은 3개 정도로 경쟁률 10대 1의 좁은 문이다.

다음은 '상품화 승인'이다. 일반 기업에서 말하는 '신상품 개발 품의'에 해당한다. 시험적으로 제작해보고 기술적으로 가능성이 큰 안건을 한층 더 깊게 조사한다. 시장 조사와 기술 검토, 비즈니스 가능성 조사, 즉 타당성 조사와 예비 조사를 실시한다. 그 결과를 바탕으로 최종적으로 사장의 승인을 받고 나면 수억 엔이 투자되는 상품 개발이 시작된다. 상품화 승인의 가능성은 3분의 1이다. 시험 제작에 들어간 기획 3건 중 단 1건만이 승인되는 셈이다.

상품 기획에서 최대 난관은 기획서 작성이다. '매출총이익률 80%'라는 대전제는 이때부터 적용된다. 기획자는 고객에게 제공할 가치에서 상품 가격을 어림해두고, 사내 개발자의 의견을 참조해 기술적인 실현 수단과 원가를 정확히 산정한다.

고객의 니즈는 어떻게 파악할까? 이때 중요한 역할을 하는 것이 앞서 언급한 '니즈 카드'다. 영업사원이 고객과 상담하면서 파악한 잠재 니즈를 기록한 카드로, 모든 영업사원이 한 달에 1건 이상 제출하게 돼 있다. 전국의 영업사원 수만큼 전달되는 대량의 니즈 카드를 기획자는 젖 먹던 힘까지 짜내서 샅샅이 살펴본다. 지금은 자동화됐지만 다카스기가 재직하던 당시는 카드 내용을 정리한 책자를 몇 번이나 뒤지면서 새로운 힌트를 필사적으로 찾았다고 한다.

영업사원이 자발적으로 니즈 카드를 제출할 수 있도록 인센티브를 마련한 것도 키엔스다운 점이다. 석 달에 한 번씩 1만 엔 정도의 상금을 주는 '니즈 카드상'이 있고, 1년에 한 번 열리는 '니즈 카드 대상'에는 수십만 엔의 상금이 걸려 있다. 키엔스 직원들은 급여 수준이 높기에 기를 쓰고 덤빌 금액은 아닐지 모른다. 그래도 "열심히 기록한 니즈 카드가 그냥 버려지지 않고 중요하게 쓰인다는 점 자체가 동기부여가 됩니다"라고 다카스기는 말한다.

'직원이 행동하면 피드백을 주고 다음 행동을 촉진한다. 행동만 남기는 일은 없다.' 이것이 키엔스의 행동 원리다.

물론 니즈 카드의 내용이 그대로 활용되는 경우는 많지 않다. 영업사원들이 매일 고객의 숨은 니즈를 알아내려 애쓰지만 이미 상품화된 것도 많다. 기획자는 관련 전시회를 발이 닳도록 찾아다니는 사람이라 니즈 카드에서 새로운 내용을 발견하는 건 드문 일이다. 하지만 때때로 참신한 아이디어가 발견되기도 한다. 그 아이디어를 바탕으로 부가가치가 높은 상품을 전력을 다해 고안한다.

빼기로 차별화한다

착수 승인과 상품화 승인 프레젠테이션에서 반드시 나오는 질문이 '청취 건수'다. 기획에 대해 고객에게 어느 정도 이야기를 들었는지 정량적으로 확인하기 위해서다.

"10건 정도로는 기획서로 인정받지 못합니다. 할당량은 없지만 적어도 20~30건은 들어야 하죠"라고 다카스기는 말한다. 영업사원에게 소개받은 키맨을 만나 새로운 상품이 어느 정도 가치를 제공할 수 있을지 감을 잡아간다. 또 고객이 어떤 문제로 곤란해하는지, 숨은 원인이 무엇인지 알아내려 애쓴다. 영업사원이 매일 고객과 상담하면서 찾아낸 니즈를 한층 더 파고드는 것이다.

엄선한 고객 10명과 상담하면 나름대로 정확한 가치를 파악할 수도 있다. 하지만 지표로 행동을 촉구하는 키엔스 아닌가. 어느 정도의 수치여야 성공률이 높은지 경험치에 기반한 지표를 제시하고 행동을 유도한다.

상당한 건수의 고객 청취가 필요한 만큼 기획서 제출까지는 아무래도 시간이 걸린다. 1년 넘게 걸리는 경우도 꽤 많다고 한다.

대기업 의약품 도매 업체의 한 시스템 담당자는 10여 년 전 키엔스의 상품 기획자가 찾아왔던 때를 이렇게 회상했다.

"새로운 상품을 개발했다면서 자주 찾아왔죠. 선반 꼭대기에 있는 상자의 바코드를 읽을 수 있는 권총 타입의 상품도 있었고, 참 독특한 제품들이 많았어요."

다른 회사는 보통 영업사원과 함께 오는데 키엔스는 기획자 혼자 와서 특이하게 여겼다고 덧붙였다.

키엔스가 상품 기획을 진행할 때 중요시하는 것이 '뺄셈'이다. 일반 업체에서는 경쟁 상품과 사양을 비교하면서 다른 회사에는 없는 기능을 강조하거나 소형화처럼 크기에서 차별화를 꾀한다. 모든 항목에서 경쟁사 제품을 웃도는 스펙을 노리는 것이다. 그러다 보니 설계와 제조 난이도가 높아져 개발 기간이 장기화된다. 물론 원가도 높아진다.

키엔스는 취사선택에 능한 집단이다. 사전에 꾸준히, 철저히 조사한 고객 니즈를 바탕으로 꼭 필요한 기능과 성능을 취사선택해서 집중적으로 개발한다. 약 30개사의 고객을 대상으로 조사해서 중복되는 니즈를 3~5개로 압축하면 고객 80% 이상이 인정하는 제품이 완성된다고 한다. 이렇게 완성된 상품은 강점이 명확해서 팔기 쉽고, 전체적으로 비용 절감 효과도 크다.

시장 점유율 목표는 무의미하다

키엔스의 기획서에는 시장 점유율 목표를 쓰는 칸이 없다. 점유율은 결과론이므로 의미가 없다는 생각이다. 예를 들어 다음과 같은 설명은 통하지 않는다.

"현재 시장 규모는 1,000억 엔으로 점유율 30%가 목표입니다. 따라서 연간 300억 엔의 매출이 예상됩니다."

제대로 된 설명이라면 무엇이 어떻게 시장을 개척하는지 그 과정을 단계적으로 제시해야 한다.

"이 상품의 타깃층 고객사 30여 곳과 상담한 결과 20%에서 구입 가능성이 보였습니다. 전국 2,000여 개 기업이 타깃층이므로 예상 수익은 OOO엔입니다."

잠재적인 시장을 개척하면 시장 규모 자체를 키울 수 있는데 이미 굳어진 시장에서 쟁탈전을 벌이는 전략은 의미가 없다는 발상이다.

기획서를 검토할 때 반드시 확인하는 항목이 '추가 매출총이익'이다. 기존과 기능이 유사한 제품을 시장에 투입하면 기존 제품의 판매가 줄어드는 경우가 있다. 이 감소분을 고려했을 때 추가할 수 있는 매출총이익의 규모까지도 예측해서 설명해야 한다.

예를 들어 제품 A를 생산하는 데 2억 엔의 개발비가 투입된다고 하자. 판매 개시 후 매월 2,000만 엔의 매출총이익을 거둔다고 할 때, 10개월이면 개발비가 회수된다. 이때 기존 기종의 판매 감소로 월 1,000만 엔의 매출총이익이 감소한다면 추가 매출총이익은 1,000만 엔이 된다. 전체적으로 계산하면 개발비 회수까지 20개월이 걸리는 셈이다.

키엔스에서는 보통 12개월 안에 개발비가 회수되도록 해야 한다. 드물게 24개월까지 허용하기도 하지만, 타당한 이유가 필요하다. 신상품에 투입하는 비용 대비 효과는 매출로만 보는 것이 아니라 매출총이익으로 확인한다. 게다가 기존 제품과의 상관관계도 고려한다. 이 정도까지 철저히 논의하고 확인한 뒤 개발한 상품이기에 '모든 상품이 히트상품'이라고 자신 있게 말할 수 있는 것이다.

키엔스 출신 한 직원은 자동차 부품을 제조하는 대기업에서 "주문 안 받아주면 출입 금지야"라는 농담 섞인 협박까지 들었다며 웃었다. 그 업체는 특별 주문한 장치를 발주하려고 했는데 키엔스 영업사원이 좀처럼 받아주지 않았다고 한다. 그 영업사원의 상사에게도 여러 번 부탁했지만 소용이 없었다. 특별 주문한 제품은 예측한 수량만큼 판매할 수 있다는 장점이 있지만, 그 거래처 외에는 고객을 확장할 수 없다는 게 약점이다. 드러난 니즈만 만족시켜서 제공하는 부가가치에는 한계가 있기에 아무리 큰손 고객이라도 '고객이 원하는 상품을 만들지 않는다'라는 기업 이념을 꿋꿋이 관철한다.

기획자와 개발자의 한판 대결

지금까지 기획 부서가 상품 기획을 구상하는 과정을 살펴봤다. 핵심은 기획자가 상품 개발의 마지막 과정까지 관여한다는 점이다.

실제 개발 단계로 들어가면 기술적으로 실현하기 어려운 것도 많다. 또는 개발자가 추가할 기능의 아이디어를 내기도 한다. 이럴 때 판단 기준은 어디까지나 '고객에게 제공할 수 있는 가치'다. 오랫동안 고객의 니즈를 철저히 조사한 기획자가 함께 뛰어주기 때문에 올바른 판단을 신속하게 내릴 수 있다는 믿음이 바탕에 깔려 있다.

〈닛케이 비즈니스〉 2003년 10월 27일 자 특집기사 '키엔스의 비밀'에는 기획자와 개발자의 격렬한 논쟁이 그려져 있다. 조금 길지만 인용해보겠다.

> 키엔스의 기획자와 개발자는 각지의 프로들이 탐내는 센서와 측정기 분야에 있어서 '세계 최초' 개발에 특화돼 있다. 그들에게 고객의 현장은 숨은 광맥이다. 그 광맥을 파헤치며 생산성과 연구 효율의 개선이라는 형태로 잠재적 이익을 실현한다.
>
> 세계 최초를 만드는 당사자들이지만 잘난 척하는 모습은 전혀 찾아볼 수 없다.
>
> "어떻게 이처럼 대단한 걸 만들었느냐면서 바로 주문 넣겠다고 말씀해주실 때가 제일 신납니다."
>
> 기획 부서 쓰노부치 히로카즈角淵弘一 NP그룹장과 설계 부서 다나이 나오키棚井直樹 부품개발그룹장은 생산 라인용 바코드

리더인 'BL 시리즈'로 10년 넘게 세계 최초와 업계 최초를 연속 히트시킨 무적의 팀이다. (…)

미리 말해두지만 그들이 바코드 리더라는 기술 자체를 발명한 건 아니다. 슈퍼마켓이나 편의점 계산대에서 볼 수 있는 친숙한 바코드 리더는 원래 유통과 물류 거점에서 상품을 관리하고 계산하는 용도로 출시됐으며, 1980년대에 이미 실용화된 기술이다. 키엔스가 착수한 것은 '생산 라인에 적합한 전용 바코드 리더'의 개발이다. 슈퍼마켓 계산대에서 볼 수 있는 바코드 리더와는 비교가 안 될 정도로 고난도 제품이다.

쓰노부치는 1호기를 개발한 1989년 당시를 떠올리며 이렇게 말했다.

"고객의 공장에서 엄청나게 크고 정밀도가 낮은 데다 비싸기까지 한 유통업용 바코드 리더를 억지로 생산 라인에 끼워놓은 것이 눈에 띄었어요. 제품이 계속 이동하는 데다 리더기까지 거리도 너무 멀었죠. 슈퍼마켓에서 쓰는 기계로는 정밀도가 떨어져서 쓸 수가 없었어요. 이걸 작게 만들면 틀림없이 니즈가 있겠다고 확신했습니다."

키엔스의 상품 기획자는 그때부터 무작정 현장으로 나가

실태 조사를 되풀이했다. 쓰노부치 역시 100여 개의 고객사를 방문하고 생산 라인에 들어가 실무자들의 속내를 알아내고자 애썼다.

"좀 더 작게 만들 수 없나?"

"우리 컨베이어벨트에서는 반응 속도가 더 빠른 게 좋은데…."

고객은 어디까지나 감으로 말할 뿐 개발에 적용할 수 있는 구체적인 숫자는 나오지 않는다. 작은 게 좋다고 하지만 어느 정도로 작아야 할까? 속도는 얼마나 빨라야 만족할 수 있을까? 현장에서 들은 수많은 요구의 최대공약수를 구하듯 오버스펙이 되지 않는 아슬아슬한 범위를 예측하고 제품 개발에 적용해나갔다. (…)

"그건 어려워요. 말도 안 됩니다."

1990년대 후반, 기획자 쓰노부치가 '크기 절반, 성능 1.5배'라는 개발 목표를 제안하자 개발자 다나이는 자기도 모르게 외쳤다. 1초에 기껏해야 300회, 보통은 100회가 상식이었던 판독 횟수를 단숨에 500회로 끌어올린 것이 바로 직전 모델이었다. 그걸 다시 절반 크기로 줄이자고 하니 기가 막힐 노릇이었다. 사내에서도 '오버스펙은 비용만 든다'라는 비판의 목소리가 나올 정도였다. 하지만 쓰노부치에게는 100개사의 고객을 만나면서 포착한, 소형화가 현장의 니즈라는 확신이 있었다.

"이제 수많은 제품이 소형화될 겁니다. 라인의 속도도 빨라질 테고요. 스캔 조건이 악화되는데 성능을 올리려면 이 장벽을 꼭 넘어야만 해요."

쓰노부치는 다나이를 현장까지 데리고 나가 고객의 목소리를 직접 들려주고서야 설득에 성공했다.

"하겠다고는 했지만, 레이저 광선을 반사시키는 폴리곤 미러polygon mirror용 모터부터 모든 부품을 다시 개발해야 했어요. '모터'라는 이름만 붙어 있으면 닥치는 대로 전화를 돌려서 시제품을 만들 수 있는지 알아볼 정도였죠. 그때 전화한 곳이 전국적으로 100개도 넘는다니까요."

다나이는 너털웃음을 지으며 말했다. 키엔스의 최강팀은 지금도 고객이 놀랄 만한 신제품을 목표로 한창 개발 중이다.

고객의 숨겨진 니즈를 발굴하고 상품 기획으로 승화시키

는 기획자와 그 기획을 실현하기 위해 분투하는 개발자. 최고의 해결책을 찾기 위해 타협하지 않고 조정을 되풀이하는 양쪽의 자세는 지금도 키엔스에서 흔히 볼 수 있다.

전 제품 당일 출하에 대한 집착

'전 제품 당일 출하, 전 제품 재고 보유.'

키엔스 홈페이지에 들어가면 이런 문구가 눈에 띈다. 키엔스의 상징 중 하나인 '즉납'이다.

'즉납'은 즉시 납품, 즉 고객이 주문하면 그날 즉시 출하하는 당일 출하를 말한다. 키엔스는 고객이 필요로 할 때 바로 상품을 제공하는 당일 출하를 부가가치 중 하나로 삼고 있다. 오사카부 다카쓰키시에 있는 물류시설에서 전국의 주문을 일괄 관리하며 전표 발행에서 출하까지 도맡아 처리한다. 고객이 영업사원에게 주문을 넣으면 그날 바로 출하해서 직접 배달해준다. 미국 아마존닷컴Amazon.com의 회원제 서비스인 '아마존 프라임'과 비슷하다고 보면 된다. 오늘 주문하면 빠르면 내일 도착한다. 아마존은 서적이나 가전 같은 다양한 상품을 소비자에게 즉시 배달한다는 참신한 아이디어로 고객을 사로잡았다. 키엔스는 업무용 제품을 생산하는 회사인데도 창업 당시부터 당일 출하를 고집해왔다.

2021년 겨울 어느 날 밤 10시를 넘어가던 무렵, 신오사카역 근처의 닭꼬치집에서 키엔스의 직원과 인터뷰했다. 키엔스의 성공 이유를 두고 그는 이렇게 말했다.

"키엔스가 잘나가는 이유 중 하나로 철저한 역할 분담을 꼽을 수 있어요." 그 직원은 '불야성'으로 불리는 본사 빌딩을 뒤로하고 퇴근 뒤 나를 보러 달려와 주었다. "영업사원은 영업만 할 수 있도록 시스템이 갖춰져 있어요. 전표 작성이나 배송 등은 그 분야 전문가들이 다 알아서 처리해주죠. 다른 회사에서는 모두 영업사원이 해야 할 일이니, 상품 판매

에만 집중할 수 있는 키엔스가 훨씬 유리합니다."

영업은 보통 수금까지 마무리해야 한 사람 몫을 한다고 인정받는 일이다. 하지만 키엔스의 영업사원은 기본적으로 수금과 납품은 신경 쓰지 않아도 된다. 일주일에 사흘은 고객에게 전화를 돌리거나 다음 상담을 준비하느라 눈코 뜰 새 없이 바쁘기에 그럴 시간도 없다. 영업을 강력히 지원하는 즉납 시스템이 키엔스의 높은 수익률을 견인한다고 할 수 있다.

FA 업계에서 전 상품 당일 출하 시스템을 갖춘 곳은 키엔스뿐이라고 한다. 제품의 납기관리는 영업사원에게는 큰 부담이 된다. 영업보다 납기를 조절하느라 허비하는 시간이 더 많다며 키엔스의 즉납 시스템을 부러워하는 목소리가 크다.

다카쓰키역에서 택시에 올라타 국도를 달린 지 10분 정도 됐을까. 무광의 은빛 건물이 보였다. 붉은색과 검은색으로 나뉜 'KEYENCE' 로고가 선명했다. 2007년에 설립된 로지스틱 센터 건물로 키엔스의 즉납을 책임지고 있는 곳이다.

삐, 삐, 삐. 1층의 상하차 공간에서는 트럭의 경고음이 쉴 새 없이 울린다. 트럭 짐칸의 화물 카트에는 잇달아 흰색 상

❙ 오사카부 다카쓰키시에 있는 키엔스의 물류 거점 로지스틱 센터

자가 쌓여간다. 상자 겉면에 낯익은 키엔스 로고가 찍혀 있다. 정밀기기가 들어간 상자를 다들 세심한 주의를 기울이며 옮기고 있다.

건물 뒤로는 나지막한 언덕이 있고, 전철이 드문드문 지나는 한적한 시골 풍경이다. 하지만 건물 안으로는 트럭이 쉴 새 없이 드나들었다. 잠깐 동안에도 건물 앞의 국도를 따라 차들이 연신 건물로 빨려 들어갔다. 모두 내로라하는 물류회사의 차들이다.

건물 내부에는 키엔스가 카탈로그에 게재한 모든 상품이 보관돼 있다. 이곳에서 일본 전국의 고객에게 직송되며, 해외 고객에게는 항공편으로 배송한다.

1,500만 엔짜리도 즉납

즉납의 대상은 놀랍게도 카탈로그에 실린 상품 전부다. 키엔스의 상품은 1만 종이 넘는데 몇천 엔부터 몇만 엔짜리 공장용 센서, 1,500만 엔이나 하는 고가의 마이크로스코프까지 다양하다. 언제든 배송할 수 있도록 그 제품들을 빠짐없이 보유하고 있다.

즉납은 예컨대 BMW 자동차를 오늘 주문하면 내일 가져다주는 것과 같다. 고가의 자동차는 보통 주문하고 나서 반년 정도는 기다려야 하지 않은가. 키엔스의 전 상품 즉납 시스템이 얼마나 특별한지 이해할 수 있다. '이르면 내일까지 도착한다'라는 즉납 이미지 덕분에 고객은 '일단 키엔스에 연락해보자'라고 생각하게 된다.

공장의 생산 라인에서 쓰는 센서는 아무래도 고장이 잦다. 예비 센서가 없으면 업체는 새로운 센서가 도착할 때까지 생산 라인을 멈출 수밖에 없는데, 라인이 하루만 멈춰도 경우에 따라서는 수천만 엔부터 수억 엔에 달하는 상품을 생산하지 못하게 된다. 만일 부품이 들어오는 데 1~2주일 정도가 소요된다면 손실은 눈덩이처럼 불어난다. 그래서 업체들은 늘 센서와 같은 주요 부품의 예비분을 다량 확보하고 있다.

그런데 키엔스 제품을 사용하면 예비분이 없어도 다음 날이면 가져다준다. 곤란할 때는 키엔스에 부탁하면 된다는 부가가치를 고객에게 제공하는 셈이다. 회사는 공식적으로 즉납률을 공개하지 않지만, 업계 관계자들은 일본 내에서는 99.9%, 해외에서는 95% 정도로 보고 있다.

1만 엔짜리 즉납에 10만 엔을 쓴다

재고가 늘면 현금흐름이 감소하고 안 팔린 상품을 염가로 처분해야 하므로 수익률이 악화된다. 그래서 제조 업체는 가능하면 재고를 줄이려고 노력한다. 최고의 재고관리는 주문 생산이다. 생산이 끝나면 바로 매출이 발생하므로 재고가 생기지 않고 자금 융통에도 문제가 없다. 단 재고가 있을 때와 달리 부품 조달을 포함해 생산하는 시간만큼은 고객이 기다려야 한다는 문제가 있다.

그렇다면 키엔스는 왜 재고를 쌓아놓는 걸까? 그 이유를 두고 키엔스 직원은 "눈앞의 이익보다 당일 출하가 더 중요하다는 절대 순위가 있기 때문"이라고 말했다. '키엔스는 바로 가져다준다'라는 유일무이한 가치를 계속 지켜낼 수 있다면 상품의 판매 가격도 유지할 수 있고 장기적으로는 수익률 증가로 이어진다고 보는 것이다.

즉납에 대한 고집은 나카타 유 사장도 인정한다. 2022년 〈닛케이 비즈니스〉 편집장과의 인터뷰에서 그는 이렇게 말했다.

"당일 출하에 대한 강한 신념을 실현하기 위해 영업에서 생산관리, 조달, 물류, 협력 공장에 이르기까지 전력투구하는 것이 타사와의 차별점입니다. 지금까지 수많은 위기에 직면했지만 당일 출하를 포기하지 않았고 연구를 거듭했습니다. 예측생산이나 재고관리법도 오랫동안 개선해왔으므로 유사시 대처 능력도 뛰어납니다."

코로나19로 어려웠던 시기, 부품 조달이나 생산이 멈춰 당일 출하가 위태로웠던 적도 있다. 하지만 키엔스는 출하 지연을 막기 위해 회사 안팎의 100명 가까운 관계자를 동원해서 부품 조달과 생산 안정화를 위해 동분서주했다. 나카타 사장도 틈만 나면 현장을 방문해서 격려했다.

전 상품의 재고를 보유하는 문제는 간단하지 않다. 무작정 생산해서 재고를 대량으로 떠안으면 수익률 악화가 뒤따르기 때문이다. 생산 부서에서 근무했던 한 직원은 "수요 예측과 원재료 조달 리드타임, 생산 리드타임 등 모든 사항을 치밀하게 고려하면서 재고가 부족하지 않게 하는 시스템을 갖추고 있습니다"라고 설명했다.

그 중차대한 역할을 담당하는 곳이 본사 건물 7층에 있는 생산 부서다. 상품 특성에 맞춰 복수의 협력 공장에 생산 라인을 구축하는 일부터 부품 조달과 생산, 출하 계획의 입안, 생산 공정 및 출하 관리, 상품 센터에 입고하는 과정까지를 모두 담당한다. 과거 경험에서 문제가 되기 쉬운 부품을 숙지한 직원이 1만 개도 넘는 아이템의 동향을 살피며 내일의 생산과 부품 발주를 위해 움직이고 있다.

'1만 엔짜리 상품을 즉납하는 데 10만 엔이 들어도 즉납 원칙을 지킨다'라는 것이 키엔스 스타일이다. 기한에 맞추기 어려울 때는 직원이 직접 신칸센을 타고 지방에 있는 부품을 가져다가 협력 공장에 전달해서 특급 생산을 부탁하기도 한다. 즉납은 키엔스가 양보할 수 없는 간판이다.

100개사 중 20개사가 키엔스 제품으로

키엔스의 즉납 덕분에 살았다는 회사도 많다. 메카트로어소시에이츠도 그중 하나다. 다양한 업계의 제조 공장에서 의뢰를 받아 로봇 시스템을 구축하는 이 회사는 안전용 센서, 이미지 센서, 설비 동작 순서를 제어하는 프로그래머블 로직 컨트롤러PLC, 서보모터 등의 키엔스 제품을 자사 제품에 활용하고 있다.

반도체 부족 현상이 극심했던 2021년에는 키엔스도 부품을 구하기가 어려워 평소보다 출하가 늦어질 정도였다. 그래도 미정이라거나 막연히 반년도 더 걸릴 것 같다며 고개를 젓는 다른 회사에 비해 키엔스만큼은 정확한 일정을 알려줬다고 메카트로어소시에이츠의 사카이 사장은 당시를 회상했다.

그에 따르면 미쓰비시전기나 오므론의 제품들은 워낙 인기가 굳건해서 회사 고객들도 거래처를 바꾸고 싶어 하지 않았다고 한다. 업체가 여럿이면 예비 부품의 종류가 늘어나고 사용법을 익혀야 하는 수고가 더해지기 때문이다.

"저희 같은 회사는 센서 하나라도 빠지면 고객사에 시스템을 납품할 수 없습니다. 당연히 매출도 사라집니다." 위기감을 느낀 사카이 사장이 고객들을 설득했다. "다른 업체는 당분간 부품이 들어오지 못한다고 합니다. 키엔스 제품으로 변경하게 해주실 수 없을까요? 그쪽 영업사원이 설명해드리러 직접 찾아뵐 겁니다."

처음에는 못마땅해하던 고객도 키엔스 직원이 몇 번이나 찾아가자 태도가 바뀌기 시작했다. 키엔스 직원은 제품 설명 외에도 "이런 곳은 외부에서 빛이 들어오니 센서 정밀도가 떨어질 수 있습니다"라는 식으로 현장에서 주의할 점이나 필요한 요령을 알려줬다고 한다. "세심한 지원을 경험하면서 키엔스 제품으로 바꿔도 되겠다고 마음먹은 듯합니다"라고 사카이 사장은 설명했다.

키엔스 직원이 설득에 성공한 기업 중에는 보수적이기로 유명한 대기업도 있다. 메카트로어소시에이츠의 고객 100개사 중 지난 1년 동안 20개사가 키엔스 제품으로 교체했다. 부품 조달이 되지 않아 손실을 볼 뻔했지만 키엔스 제품으로 변경한 덕분에 무사히 진행된 안건의 매출이 총매출 중 70%에 이른다.

"키엔스 제품은 누구나 쉽게 사용할 수 있는 것이 많습니다. 한번 써보면 그 편리함에 감동하게 되죠. 앞으로도 많은 회사가 키엔스 제품을 도입할 것으로 생각합니다."

공장이 있는 팹리스

키엔스는 상품 판매로 고객에게 부가가치를 제공하기 위해 애쓰는 한편, 생산에 대한 집념도 강하다. 키엔스를 '뛰어난 원가 절감 능력을 지닌 이상적인 제조 업체'로 보는 시선도 있다. 팹리스fabless, 즉 공장이 없는 회사인 키엔스가 어떻게 생산에 힘을 쏟는 것일까?

사실 키엔스에는 공장이 있다. 100% 자회사인 키엔스엔지니어링Keyence Engineering이다. 주로 키엔스 제품의 부품 수리와 분석, 제조 장치의 설계를 담당한다. 또 새로 개발하는 제품의 시제품이나 초기 양산도 진행한다. 키엔스 전 제품의 10% 정도를 제조하며, 양산 방법이 확립된 나머지 90%는 협력사에 의뢰한다.

키엔스엔지니어링이 발표한 2022년 3월 결산기 유가증권 보고서를 보면, 당기 총제조비용이 1,335억 엔이고 그중 재료비가 약 4분의 3을 차지하는 992억 엔이다. 외주 가공비는 제조비용의 15%에 조금 못 미치는 194억 엔이다.

키엔스엔지니어링에서는 '조립법은 문제없는가?', '이 작업에는 어느 정도의 공수가 필요한가?'처럼 상세 내역을 검증하면서 양산법을 확립해간다. 제조 과정과 비용을 완벽하게 숙지하고 있기 때문에 단순히 제조를 위탁하는 것이 아니라 협력사를 감독하는 역할도 한다. 한 OB는 "키엔스엔지니어링 같은 회사는 만들지 말아 달라고 협력사들이 불평하기도 했죠"라고 말했다.

협력사는 배우자다

키엔스가 제조를 위탁하는 협력사는 수십 개사에 달한다. 간사이 지역을 중심으로 트럭을 타면 몇 시간 이내의 거리에 있는 기업이 많다. 대부분 다른 전기 제조 업체와도 거래하는 기업이다.

키엔스 부품의 제조를 담당했던 어느 협력사는 키엔스의 특징을 이렇게 표현했다.

"보통은 사양서만 건네주고 알아서 하라고 하거든요. 그런데 키엔스는 우리 직원이 내놓는 의견도 꼼꼼히 듣고 부품 제작에 반영했어요."

키엔스에서 생산관리부장을 지낸 OB도 인정했다.

"제조법을 전할 때 '여기서 접착제를 이만큼만 넣어주세요. 이 부품을 넣을 거라서요'처럼 각 공정의 목적을 협력사 직원과 현장에도 반드시 전달했습니다." 그러면 현장 근로자가 역으로 새로운 방법을 제안하는 일도 있다고 했다. "효율성이 뛰어난 아이디어는 모두 채용했습니다. 우리도 최대한 연구하지만 더 좋은 수단을 발견할 기회를 놓칠 이유는 없으니까요." 개발팀이 준비한 검사 장치의 사용법이 실제 현장과 맞지 않으면, 개발자와 의논해서 개선하기도 했다.

키엔스의 제품 라인은 극도의 소량다품종이므로 수작업 비율이 높다. "협력사 직원에게 물건을 이런 방식으로 배치해놓으면 효율적으로 체크할 수 있고 품질도 안정된다고 설명했어요. 그러면 다들 이해하고 그대로 실행해주었습니다." 협력사 직원이 아니라 마치 회사 동료 간의 대화처럼 느껴진다. "'후공정은 고객'이라는 제조업의 사고방식을 협력사 사람들에게도 강조했습니다. 자기 뒤에 일하는 사람을 손님으로 여기면 일 처리를 더 완벽하게 하게 되죠. 결과적으로 품질도 향상시킬 수 있습니다."

협력사 직원 및 현장 근로자와 촘촘히 연계하면서 개선 작업을 게을리하지 않는 것이 키엔스의 생산 철칙이다. 그는 이렇게 덧붙였다. "협력사와는 윈윈하는 관계여야만 합니다. 1년 치 물량 매입 보증이나 단기 납기에 따른 할증료, 잔업수당의 정확한 지불 같은 조건을 확실히 제시해야 합니다. 물론 애초 계획대로 발주하는 건 말할 필요도 없고요. 그러고 나서 품질을 확실히 부탁하는 거죠. 그러지 않으면 '이혼' 같은 불상사가 일어날 수도 있습니다. 거래처는 부부와 같다고들 하거든요."

협력사에 대한 키엔스의 남다른 대우는 숫자로도 알 수 있다. 미쓰비시UFJ모건스탠리증권의 오미야宮知希 시니어 애널리스트에 따르면 키엔스는 매입에서 결제까지 걸리는 기간인 매입채무 회전일수가 43.3일(2022년 3월 결산기 기준)이다. 한편 판매한 뒤 대금을 회수하는 기간인 매출채권 회수일수는 169.1일이다. 통상적으로 기업은 현금흐름을 고려해서 양쪽의 균형을 맞춘다. 예를 들어 오므론은 전자가 76.2일, 후자가 72.6일이다. 결국 키엔스는 공급 업체에는 대금을 빨리 결제해주고 고객사로부터는 천천히 수금하는 셈이다. 게다가 어음보다 조건이 좋은 현금으로 지불한다.

키엔스가 이렇게 대응하는 이유는 유사시 최우선으로 부자재를 공급받기 위해서다. 평소에 공급 업체와 좋은 조건으로 거래하는 것이 키엔스의 즉납 체제를 유지하는 데 든든한 버팀목이 된다는 얘기다. '최종적으로 이익을 내기 위해서 지불해야 할 곳은 확실히 지불한다.' 상당히 합리적인 태도다.

원가 절감의 가치

자재 조달에 대한 엄격함도 키엔스로서는 당연한 일이다. 생산 부서에서 근무했던 OB는 "모든 부품에 대해 조달 가격을 조금이라도 깎을 순 없을지 개발 부서가 공급 업체와 함께 논의합니다"라고 말했다.

결코 특별한 일을 하는 게 아니다. 필요한 기능을 실현하는 데 원가를 어느 정도 절감할 수 있는지를 추구하는 가치공학Value Engineering, VE을 실행할 뿐이다. 통상 VE는 전체 원가에서 차지하는 비율이 높은 부품에서 중점적으로 실시하지만 키엔스는 다르다. 모든 부품에 대해 비용 절감을 검토했는지 증거가 필요하다.

'최소의 자본과 사람으로 최대의 부가가치를 올린다.' 제품을 개발하고 고객의 눈앞에 전달해야 하는 키엔스의 직원들은 이 경영 이념을 철저히 따르고 있는지 끊임없이 평가받는다.

4장

사람이 성장하는 키엔스의 시스템

평균 연봉 2,000만 엔의 회사

2,182만 7,204엔. 2022년 3월 결산기 키엔스 본사 직원들의 평균 연봉이다. 고액 연봉으로 잘 알려진 미쓰비시상사三菱商事도 가볍게 뛰어넘어 일본 내 상장기업 중에서는 최고 수준이다.

연봉 2,000만 엔 이상이라는 어마어마한 숫자를 보고 성과에 따라 급여가 오르락내리락해서 스트레스 가득한 직원들의 모습을 떠올릴지도 모른다. 하지만 키엔스는 의외로 성과주의가 아니라고 인사부의 사이토 유스케斎藤雄 매니저는 단언했다. 그는 "올바른 과정을 밟아서 성과를 냈는지를 중시합니다"라고 강조했다.

키엔스는 초기부터 영업이익의 일정 비율을 모든 직원에게 실적 상여의 형태로 환원해왔다. 공식적인 발표는 없지만 영업이익의 15% 정도로 추정된다. 키엔스에서는 직원들이 저마다 '내가 사장'이라는 의식을 지니고 일한다. 회사의 실적이 오르면 직원의 급여도 대폭 오르기 때문에 자신의 성과뿐 아니라 회사 전체의 실적을 늘 의식한다.

실적 상여는 1년에 네 번 지급된다. 나카타 유 사장에 따르면 "회사의 실적 변화를 실시간으로 느낄 수 있게" 하기 위해서다. 사이토 매니저는 "모든 직원이 경영에 참여한다는 의식을 지니고 주체적으로 업무에 임하는 것이 키엔스의 강점"이라고 말했다.

행동과 성과가 5:5

외국계 기업에서는 개인이 일정 수준 이상의 성과를 내면 인센티브를 올려주기도 한다. 하지만 키엔스의 생각은 다르다. 성과는 시기, 지역, 업계 심지어 고객의 상황에도 좌우될 수 있기 때문이다. 그래서 직원이 어떤 활동을 하는지를 중시한다. 활동을 평가하는 비율은 직원마다 다르다. 신입일수록 행동을 중시하지만 경험을 쌓아가면서 성과의 비율이 높아진다. 실적 상여금은 행동과 성과를 각각 절반씩 평가해 지급된다.

앞서 살펴봤듯이 영업 부서는 방문 건수나 시연 횟수 등의 실적이 평가 대상이 된다. 재주문이 많은 제품의 사업부는 '재주문 비율'이라는 지표를 더하기도 한다. KPI를 설정하고 행동을 가시화해서 인사평가에 활용하는 제도는 영업 부서뿐 아니라 키엔스 전사에 적용된다. 이런 평가제도 덕분에 키엔스는 '사람이 성장할 수밖에 없는 곳'으로 알려졌다.

키엔스는 한때 행동 중시의 인사평가 시스템을 제작해 판매까지 시도했다. 도쿄역 근처에 사무실을 빌려 제조 업체를 대상으로 IT 엔지니어의 이직 및 소개 사이트를 운영하려 한 것이다. 키엔스는 원래 센서 전문 회사이고 연구와 분석이 강점이다. 소프트웨어의 중요성이 높아지는 시대의 흐름을 타고 사내 엔지니어의 역량을 측정할 수 없을지 도전해 본 것이다.

그때 주목받은 것 역시 행동이다. 엔지니어가 프로그래밍을 할 때 보이는 행동을 가시화해서 지표로 만들어 비교해 보니 그 사람의 역량을 파악할 수 있었다. 그래서 이직을 희망하는 엔지니어가 프로그래밍 테스트로 역량을 객관적으로 평가받고 이직 활동을 할 수 있는 사이트가 있으면 재미있겠다고 생각한 것이다.

2008년 리먼 쇼크로 인한 글로벌 경기 침체로 사업화는 단념했지만 매일의 행동이 성과를 낳는다는 믿음은 지금도 변함이 없다. 무엇이든 철저히 센서로 측정하는 키엔스 문화를 느낄 수 있다.

일도 많고, 월급은 더 많다

키엔스는 직원들에게 어떤 평가를 받는 회사일까? 기업평판 사이트인 오픈워크Open Work를 살펴보자. 2022년 11월 조사를 보면 키엔스 직원들의 '회사 평가 점수'는 5점 만점에 4.22점이다. 같은 사이트에 올라온 6만 2,554개사 중에서 상위 1%에 해당하는 꽤 높은 평가다.

평가 항목은 대우 만족도, 직원의 사기, 수평적 회사 분위기, 직원의 상호 존중, 20대의 성장 환경, 인재의 장기 육성, 컴플라이언스compliance, 적절한 인재평가 등 여덟 가지다. 키엔스는 대부분의 지표에서 업계 평균을 한참 웃돈다. 특히 대우 만족도가 높아서 4.8점이었다. 그 밖에 20대의 성장 환경 4.5점, 직원의 사기 4.3점, 적절한 인재평가 4.1점이었다. 키엔스가 속한 반도체·전자, 정밀기계 업계의 평균치가 각각 3.1, 3.0, 2.8, 2.9점인 것과 비교하면 차이가 역력하다.

월간 야근 시간은 57.2 시간으로 업계 평균의 2배 이상이다. 연차 사용률도 업계 평균보다 25% 적은 30.4%로 업무량

이 현저히 많다. 하지만 직원들의 평가 점수는 높은 편이다. 실제 키엔스에서 다른 상장기업으로 이직한 한 OB는 "업무 시간 대비 급여를 생각하면 지금 회사가 오히려 블랙 기업일지도 모릅니다"라고 말했다.

회사에 대한 직원들의 이야기를 살펴보면 '급여에서 상여의 비중이 크고 회사에 수익이 나는 만큼 환원하는 구조다. 따라서 회사의 이익에 공헌하려는 마인드가 생긴다'라는 의견이 많다.

한 신입 영업사원은 "급여가 동기가 되는 직원이 많아서 자연스럽게 성과를 올리려고 애쓰게 됩니다. 그 결과 회사 실적이 오르고 급여도 따라 오르는 선순환이 이어집니다"라고 말했다. 15년 차의 또 다른 영업사원은 "우리 회사에서는 현상 유지를 바람직하지 않게 봅니다. 끊임없이 실력을 향상시키고 싶어 하는 인재에게는 딱 맞는 사풍이죠"라고 말했다.

효율을 중시하고 철저하게 관리하는 시스템을 높이 평가하는 의견도 있다. 관리 부문의 한 신입 직원은 "회사 이익을 직원에게 환원하는 시스템이 계산식까지 포함되어 공개

됩니다. 효율성과 합리성을 추구하면 자신의 소득이 늘어난다는 사실을 모두가 알고 있어서 불평불만이 놀랄 정도로 적습니다"라고 말했다.

하지만 여성이 일하기 쉬운 분위기나 워라밸, 즉 일과 삶의 균형에 관해서는 해결해야 할 과제가 남아 있다. 장시간 노동 문제만이 아니라, 여성 영업사원이 결혼을 하거나 아이를 낳으면 퇴사하는 경우가 많아 남성 직원의 비율이 높은 것도 문제로 꼽힌다.

시간도 자본이다, 타임차지

'올해 타임차지는 OO엔입니다.'

새해가 시작되면 키엔스 전사에 공유되는 숫자가 있다. 전년도에 창출한 부가가치를 모든 직원의 총노동 시간으로 나눈 숫자다. 여기서 말하는 부가가치는 매출총이익과 거의 동일한 의미다. 즉 타임차지는 직원 1명이 평균적으로 시간당 얼마의 매출총이익을 올렸는지를 나타내는 숫자다. 키엔스의 직원들은 시간당 올려야 할 매출총이익을 염두에 두면서 매일의 업무에 전념한다.

"타임차지는 시간 효율을 좀 더 의식하면서 업무에 임해 주면 좋겠다는 메시지"라고 야마모토 히로아키山本寛明 사업지원부장은 말했다. 나가는 비용에 신경 쓰면서 아끼려는 회사는 많이 있다. 그런데 비용도 중요하지만, 시간도 그 못지않게 중요한 자본이다. 시간을 쓸데없이 흘려보내면 키엔스의 경영 이념인 '최소한의 자본으로 최대의 부가가치 실현'이 불가능하다는 사실을 깨닫게 하려는 의도다. 이 점을 모든 직원이 철저하게 의식하도록 신입 시절부터 교육한다.

어떤 직원은 "타임차지라는 사고방식은 흔치 않지만 우리 회사에서는 다들 상당히 신경 씁니다"라고 말했다. 한 시간에 만들어낼 수 있는 부가가치가 구체적인 숫자로 제시되는 만큼 수익으로 연결되는 행동을 우선하게 되는 것이다.

예를 들어 기획서를 작성할 때 키엔스에서는 실행과 관리에 몇 시간이 걸리는지, 그리고 외부에 지불하는 비용이 얼마인지를 금액으로 기입한다. 이때 단순 데이터 입력 작업과 같이 자신의 타임차지보다 외부에 위탁하는 게 더 싼 작업은 외주로 맡긴다. 타임차지보다 부가가치가 적은 시간은 만들지 않으려는 것이 직원들의 기본 발상이다.

프로젝트에서 팀을 구성할 때도 당연히 타임차지가 고려된다. 만일 쓸데없이 인원을 늘리거나 생산성 없는 미팅을 되풀이한다면, 타임차지에 대한 인식이 부족하다는 평가를 받을 수 있다.

타임차지라는 사고방식이 직원들에게 이 정도로 정착할 수 있었던 데에는 직원들이 스스로 엄격히 규율한 것도 있지만 급여 결정 방식도 영향을 미쳤다. 앞서 살펴본 것처럼 키엔스는 기본급에 더해 회사 이익의 일정 비율을 실적 상여 형태로 직원에게 지급한다. 자신과 주변 동료가 부가가치를 창출해서 회사 실적이 오르면 최종적으로 자신에게 보상이 돌아온다. 만일 타임차지보다 더 높은 부가가치를 만들어도 소용없다고 느낀다면 직원들의 의식은 점점 약화될 것이다. 이익 환원 비율과 투명한 산정 방식에 이르기까지 '노력하면 충분히 보상받는다'라는 점을 제도적으로 이해시켰기 때문에 직원들의 공감과 노력을 끌어낼 수 있었다.

애초에 시스템이 있었다

타임차지라는 개념은 일찍이 1990년대에도 존재했다고 한다. 평가제도를 설계하는 초기부터 꽤 힘을 쏟은 듯 지금까지 제도 자체는 크게 바뀌지 않았다. 현재 키엔스가 이익을 창출할 수 있는 원천이 당시 이미 완성돼 있었다는 얘기다. 중요한 것은 회사가 수익을 많이 올리게 된 후 환원제도와 같은 현재 모습을 갖춘 것이 아니라는 점이다. 수익을 올릴 수 있는 회사로 운영하는 데 필수적인 시스템을 먼저 마련한 것이다.

2003년 〈닛케이 비즈니스〉 편집장과의 인터뷰에서 창업자 다키자키에게 "창업할 때 참고하신 회사나 경영자가 있나요?"라고 물었다. 다키자키는 "책을 많이 읽었습니다. 배운 점도 많고 영향도 많이 받았습니다. 일찍부터 사업을 하고 싶다고 생각했으니까요"라고 답했다. 직원의 능력을 어떻게 부가가치로 바꿔나갈 수 있는지 과거의 경영자들에게 배운 바가 많았을 것으로 보인다.

타임차지라는 의식이 직원들에게 확실히 정착돼 있다는 사실은 나카타 사장의 발언에서도 알 수 있었다.

"저는 영업직으로 입사했는데, 제가 뭔가를 이야기할 때마다 선배는 목적이 뭐냐고 물었어요. 오늘 어디로 무엇을 하러 가는지, 그 목표를 달성하려면 무엇을 해야 가장 좋은지 매일같이 질문했어요. 목적에 대한 질문이 높은 빈도로 되풀이되다 보니 나도 모르게 오늘의 목적은 무엇인지 누가 묻기도 전에 생각하게 됐습니다. 선후배 간의 이런 대화는 키엔스에서 대대로 이어지는 전통입니다."

키엔스의 가치관에는 '목적의식을 동반한 행동이 성과를 올린다'라는 항목이 있다. 키엔스 출신 OB들과 이야기를 나누다 보면 '목표의식', '목적의식', '문제의식' 같은 단어가 자주 나온다. 세 살 버릇 여든까지 간다는 말이 있듯이, 키엔스에 다닐 때 몸에 밴 습관이 이어지는 것이다. 키엔스 직원들은 지금 자신의 행동이 목적에 부합하는지 끊임없이 묻는다. 그때 기준이 되는 것이 타임차지다.

위계 대신 숫자와 논리로 소통하라

"직함이요? 전혀 쓰지 않습니다. 회의도 들어간 순서대로 앉습니다. 입사 연차도 신경 쓰지 않아요. 모두 존댓말로 이야기하니까 나이가 많거나 적다고 해서 말투를 바꿀 필요도 없습니다."

나카타 사장이 키엔스의 사내 분위기를 이렇게 설명해줬다. 키엔스 사람들은 자사를 소개할 때 '개방적이고 수평적인 관계를 추구하는 회사'라는 표현을 자주 쓴다. 나카타 사장은 그 이유를 이렇게 설명했다.

"철저히 추구하면 계급의식이 없어지고 자신이 생각한 대로 의견을 말할 수 있게 됩니다."

고객 상담 시뮬레이션인 롤플레이에서도 마찬가지다. 선배가 후배를 지도하는 일방통행 방식이 아니라 후배가 개선점을 지적하는 경우도 많다. 직원이 주목하는 것은 '얼마만큼의 부가가치를 올릴 수 있는가'라는 결과와 그것을 달성하기 위한 행동이다. 여기에 연차나 직함에 바탕을 둔 체면 따위가 끼어들 여지는 없다.

그렇다면 키엔스에서는 직원들이 어떤 식으로 커뮤니케이션할까?

"키엔스에서는 아는 내용은 구체적인 숫자로 말하라고 가르칩니다."

키엔스 출신으로 컨설팅회사 가쿠신을 창업한 다지리 대표의 이야기다. 규칙은 아니지만 직원들 누구나 철저히 의식하고 있는 부분이라고 한다. 그는 "다음 설명이 적절한지 생각해보세요"라고 말했다. 그러면서 "이 설명을 듣고 곧장

'문제가 있다'라고 생각하지 않으면 키엔스 사람들하고는 커뮤니케이션 때문에 고생할지도 모릅니다"라고 덧붙였다. 그가 예로 제시한 설명은 다음과 같다.

> 상품 재고가 50개 남았다. 품절 사태가 되지 않게 3일 후까지 발주하고 싶으니 승인해주기 바란다. 지금은 하루에 ○개씩 팔리고 있다. 발주부터 출하까지는 ○일 걸리고, 납품까지 또 하루가 걸린다. 한 번에 주문하는 단위는 50개다.

언뜻 보기에는 필요한 정보가 충분하다고 생각할지도 모른다. 하지만 꼼꼼히 살펴보면 결론을 내리는 데 필요한 정보가 빠졌다는 걸 알 수 있다.

우선 하루에 ○개씩 팔린다는 건 구체적으로 몇 개를 말하는가? 발주에서 출하까지 ○일이라고 했는데 정확히 며칠인가? 나아가 발주처가 주문을 몇 시까지 접수하는지도 불분명하다. 주문서가 도착할 때까지 몇 시간 걸리는지도 알아야 한다. 이런 구체적인 정보를 먼저 설명해주지 않으면 상대방은 정확한 판단을 내릴 수 없다.

숫자로 제시하지 않거나 논리를 생략하면 그것을 확인하는 작업이 필요해지고, 결론을 내릴 때까지 시간이 걸리게 된다.

"사소하게 보이지만 일반 조직에서는 이런 종류의 확인 작업이 몇천 번, 몇만 번 반복됩니다. 그것이 조직의 생산성을 굉장히 떨어뜨린다는 사실을 키엔스 직원들은 정확히 의식하고 있습니다." 다지리의 설명이다.

그들은 항상 '이런 부분은 언제든 질문받을지 모른다'라고 의식하면서 대화를 한다. 기자인 나도 기사를 쓸 때 이를 염두에 두는데, 키엔스 직원들은 평소 대화에서도 논리를 중시한다는 것을 알 수 있다. 취재를 위해 연락한 키엔스의 홍보 담당자도 나에게 최종 목표를 향해 어떤 프로세스를 언제까지 끝낼 필요가 있는지 꼼꼼히 물었다. 빠짐없이 확인한 스케줄을 머릿속에 그려가면서 사내에서 어떻게 조정할지를 생각한 것 같다.

키엔스에는 다양한 항목을 무리를 해서라도 수치로 표현하려는 문화도 있다. 예를 들어 판매촉진 기획서를 작성할 때 비용 대비 효과를 어느 정도로 예상하는지, 고객 몇 명의 명함을 모을 것인지, 영업 지원의 규모와 예상되는 매출이 어느 정도인지를 기입하는 규칙도 있다.

고객과 거래할 때는 물론 사내 커뮤니케이션에서도 모호한 구석을 남기지 않고 구체적으로 계획하고 그에 기반해서 논의한다. 키엔스의 모든 직원이 이런 업무 스킬을 장착하고 있다.

공유 vs 독점

나카타 사장에게 직원들의 정보 공유에 대해 물으니 이렇게 답했다.

"정보 독점이 전혀 없다고는 할 수 없지만 다른 회사보다는 압도적으로 적다고 생각합니다."

기자는 전통적으로 정보원을 밝히지 않는다. 정보 제공자를 지키기 위해서다. 또 한편으로는 그 정보가 자신의 것이고 또 후속 기사를 낼 때 필요하다고 생각하기 때문에 외부는 물론 사내에서도 경쟁자에게는 알려주지 않는다. 나는 그런 문화를 몸으로 배우고 익혔다.

영업도 치열한 경쟁 세계이므로 정보를 독차지하려는 욕구는 마찬가지일 거라고 생각했다. 그랬기에 나카타 사장의 답변은 의외였다. 하지만 사장은 오히려 내 질문을 신기하게 여기는 듯했다.

"키엔스 전체의 최우선 목표가 고객을 돕는 것이므로 정보를 공유하지 않는 것이 오히려 이상하죠."

키엔스에도 한때 영업 노하우를 공유하는 사내 사이트가 있었다고 한다. 온라인 게시판에 어떤 과정으로 발주에 성공했는지, 어떤 상품의 사용법이 고객에게 좋은 평을 얻었는지와 같은 정보를 올리는 방식이었다. 개인의 성공을 주변으로 확산시키기 위해서다.

노하우가 아직 부족한 신입 직원이 '이걸 잘 모르겠다'라고 질문하면 전국의 베테랑 선배들이 앞다투어 답을 올린다. 포털 사이트의 Q&A 게시판 같은 느낌이다. 사이트 활성화를 위해 글을 올리면 포인트가 쌓이는 시스템도 있었고, 포인트가 많은 직원을 표창하는 이벤트도 있었다. 노하우의 공유를 시스템으로 뒷받침한 것이다.

개인의 지식뿐 아니라 축적된 데이터를 분석해서 어떤 행동이 성공률을 높이는지에 관해 조직의 지식을 도출해내는 키엔스의 방식은 앞서 살펴봤다. 자신의 행동을 자세히 기록하면 객관적인 수치를 가이드로 삼을 수 있기 때문에 키엔스 직원들은 정보의 독점이 오히려 손해라는 사실을 잘 알고 있다.

나카타 사장은 정보를 공유하는 이유를 이렇게 분석했다.

"그것이 평가 항목이어서가 아닙니다. 정보를 독점하는 사람은 동료들에게 지적을 받기 때문이죠. (…) 예를 들어 축구 경기에서 수비수가 주위에 패스할 생각을 하지 않고 공을 독차지하면 여기저기서 불만이 터져 나오겠죠. 언제까지 공을 붙잡고 있을 셈이냐고 말이죠. 키엔스에선 그럴 수 없습니다. 정보 공유는 당연한 일이죠."

키엔스와 유사한 정보 공유 문화가 존재하는 곳 중 하나가 일본 최대 기업 인사 컨설팅회사인 리쿠르트매니지먼트솔루션즈Recruit Management Solutions다. 리쿠르트에는 '지식 공유는 멋지다. 그러니 모두 한다'라는 문화가 있다고 한다.

주체적인 행동을 유도하는 리쿠르트와 정해진 행동을 시스템으로 완수하게 하는 키엔스. 성격은 다르지만 공유를 긍정적으로 생각하는 문화는 닮았다. 회사를 떠나고 나서도 OB들끼리 서로 연락하고 우의가 돈독하다는 점 역시 비슷하다. 공유를 통해 주변 사람들이 얼마나 노력하는지를 지켜보며 자신도 애쓰다 보면 시간이 지날수록 '공감'으로 바뀌는 것인지도 모른다.

암행어사 같은 내부감사

키엔스 직원들은 날마다 외보를 작성하고 영업 지원 시스템인 SFA에 정보를 입력한다. 하지만 그들도 사람이니 가끔은 게을러지거나 하지 않을까?

키엔스의 기본 방침은 철저한 '가시화'와 행동에 대한 '평가'라는 시스템을 이용해 직원들을 바람직한 방향으로 유도하는 것이다. 하지만 제동을 거는 시스템도 분명히 존재한다. 키엔스의 내부감사 상황을 한 OB를 통해 들을 수 있었다.

"난데없이 사람들이 들이닥쳤어요. 마치 국세청 기동대 같았죠. 완전히 허를 찔렀습니다."

키엔스의 지속 가능성 관련 자료에는 이런 내용이 적혀 있다.

> 사내감사팀: 내부감사로서 전임 감사팀을 둔다. 국내외 각 거점에서 업무와 운용의 적정성·효율성을 중심으로 내부감사를 실시하며, 감사 결과와 기타 정보는 정기적으로 또는 필요시 대표이사에게 보고된다.

내부감사에는 몇 가지 종류가 있는데 영업은 '영업 감사', 해외는 '해외 감사'라고 불린다. 감사팀은 정기적으로 불시 검문을 통해 현장을 둘러본다. 감사팀 인원은 허위 보고가 발생하기 쉬운 경우를 숙지한 관리직 경험자들로 구성된다.

"이 고객사를 3시에 방문하려면 이 톨게이트를 2시에는 통과해야 합니다. 하지만 고속도로 요금 시스템의 자료가 다른 것 같습니다."

실제 내부감사에서 지적받은 사례다. 그 밖에도 휴대전화 기지국에서 알 수 있는 대강의 위치와 외보에 입력한 고객사의 장소가 일치하는지, 팩스번호로 전화를 걸어 통화 건수를 늘리진 않았는지 등 다양한 관점에서 사실 확인을 한다. 명백한 허위가 발견되면 처벌 대상이 될 수 있다.

한 베테랑 직원은 내부감사가 얼마나 철저한지 농담처럼 말했다.

"재택근무가 시작된 후로는 회사에서 지급한 컴퓨터로 근무 태만을 확인할 수도 있을걸요? 어떤 자판을 몇 번 눌렀는지 체크하는 식으로요. 물론 그렇게까지 수고스러운 일은 안 하겠지만 말이죠."

사람을 이해하는 시스템

여기까지 들으면 숨 막히는 감시 사회가 연상되지만 실제로는 그렇지 않다.

"최종 목표는 질서를 유지하고 키엔스의 문화를 지키는

것"이라고 OB들은 입을 모았다. 더불어 "키엔스는 모든 행동 데이터를 바탕으로 개인과 부서, 전사의 시책을 결정합니다. 만약 허위 보고가 올라가면 자칫 잘못된 경영 판단을 내릴 위험이 있으므로 사실 그대로를 보고하는 것이 중요해요"라고 지적했다.

이런 의견의 배경에는 키엔스의 사풍이 깊숙이 관련돼 있다. OB들은 "키엔스라는 회사는 거짓말하는 사람이 이익을 보는 것을 정말 싫어합니다"라고 말했다. 거짓을 엄격히 감시한다는 것은, 뒤집어 말하면 정직하게 일하는 사람들을 올바르게 평가하려고 애쓴다는 증거다. 그렇다고 경주마처럼 앞뒤 가리지 않고 일하라는 의미가 아니다. 과로로 사고를 당한다면 아무 의미가 없다. 체력적으로 힘들어 쉬고 싶을 때는 그대로 적으면 된다. 사실대로 신고하면 되는 것이다.

거짓 정보가 포함된 데이터는 아무리 철저히 분석해도 실제와 부합하지 않는다. 칭찬받지 못할 실적이라도 있는 그대로 입력하는 것이 중요하다. 그래야 데이터 분석으로 도출된 영업 전략의 정밀도가 높아지기 때문이다.

내부감사의 의의는 시대와 함께 변하고 있다. 옛날에는 젊은 직원들을 육성하려는 의도가 강했지만, 최근 10년 동안에는 조직 전체의 사기를 유지하는 데 더 도움이 되고 있다. 감사 대상은 모든 직원이다. 올바른 행동을 체크하는 감사팀 앞에서는 상사도, 부하도 없다. 감사 면담 중에 상사의 행동에 의문을 제기할 수도 있다. 만약 상사의 승진에 의문이 든다면 부하 직원은 의욕을 잃지 않겠는가. 직원들이 상사를 신뢰할 수 있게 하는 데 내부감사가 순기능을 하는 것이다.

키엔스의 시스템은 '성약설'에 근거한다. 성선설도 성악설도 아닌, 성약설이다. 인간은 약한 존재라는 전제 아래 시스템을 만들었다는 의미다. 고객조차 깨닫지 못하는 숨은 니즈를 찾아내라고 하지만 쉬운 일이 아니다. 아무리 우수한 사람일지라도 결점이 있다. 그런 개인의 약함을 보완하고 조직이 힘을 발휘하려면 어떻게 해야 할까? 키엔스는 행동의 가시화, 즉 매일의 행동을 모두가 볼 수 있게 하는 과정에서 답을 찾았다. 그리고 그 정확성을 담보하는 것이 다름 아닌 내부감사다.

매니저를 키우는 360도 평가

매일의 행동을 가시화하는 대상에는 중간관리직도 예외가 아니다. 1990년대에 이미 '360도 평가'를 도입했다는 점에서 가시화에 대한 키엔스의 열의를 느낄 수 있다. 360도 평가는 관리직 대상의 다면적 평가법이다. 상사뿐 아니라 동료, 부하 직원도 평가에 참여한다. 평가의 목적은 자신의 행동이 어떤 식으로 평가되는지, 또 주위에 어떤 영향을 미치는지를 살피려는 것이다. 키엔스에서는 '멀티 어세스먼트 multi assesment'라고 부른다.

키엔스가 이 제도를 도입한 목적은 책임자의 매니지먼트 능력 개발을 촉진하기 위해서다. 구성원의 시점에서 매니저를 평가하고 결과를 본인에게 피드백한다. 그 과정에서 책임자는 자신의 강점과 과제를 인식하고 능력을 키우는 데 활용할 수 있다.

제도와 목적은 여느 기업과 크게 다르지 않지만, 일찍 도입했다는 점에서 차이가 있다. 리쿠르트의 조사에 따르면 2020년에 360도 평가를 도입한 회사는 31.4%였고 2007년 조사에서는 5.2%에 불과했다. 1990년대부터 도입한 키엔스가 얼마나 앞섰는지를 알 수 있다.

생산관리 부서의 관리직 출신 한 OB는 다른 회사에도 당연히 있는 제도라고 생각했다면서, 영업과 생산관리 부서의 경우는 특정 양식의 설문조사 형태로 매니저를 평가했다고 말했다. 또 인사평가에 그대로 반영된다기보다 어디까지나 매니저가 자신의 위치와 역할을 이해하고 리더로서 자신의 행동을 돌아보기 위한 평가였다고 회상했다. 매일의 행동을 가시화해서 부가가치 향상에 활용하는 현재의 시스템과 같은 발상인 셈이다.

그만둘 때는 돌아보지 않는다

키엔스는 늘 다양한 시스템을 고안하고 개선책을 고민해왔다. 효과가 없다고 판단되면 깨끗이 그만두는 문화도 있다. 나카타 사장은 '그만둘 때를 정확히 판단하자'라는 슬로건을 내세우기도 했다.

키엔스는 무엇이든 시스템으로 철저히 실행한다. 직원들이 'OO는 그만두어야 한다'라는 의사를 자유롭게 밝힐 기회도 있다. 1년에 한 번 직원들이 자신의 인사이트를 회사에 제출하는데 항목 중에 '새로운 발견'과 같은 비중으로 '그만두어야 할 것'을 선택할 수 있다. 인사이트를 제출한 후에는 자신의 의견이 채용됐는지 아닌지도 확인할 수 있다.

아무리 좋은 시스템도 시간이 흐르면서 사회 정세와 기술 트렌드가 바뀌면 시대에 뒤떨어지기 마련이다. 이는 시스템을 활용해 경영하는 스타일의 기업에는 큰 과제가 된다. 키엔스는 과거부터 써온 제도를 그저 유지하는 게 아니라 본질을 생각하며 개선점을 생각한다. 현재의 제도가 해결하지 못하면 새로운 시스템을 만들어 적용해본다. 잘 되지 않거나 시대에 맞지 않으면 강단 있게 그만둔다. 감정적 판단이 아니라 수치와 같은 객관적인 근거를 바탕으로 합리적으로 판단한다. 시스템을 활용하는 방식에서도 키엔스의 위력을 느낄 수 있다.

20초 자기소개와 설득 면접

"인재 채용은 회사의 영속을 위한 최우선 과제입니다."

키엔스 인사부의 사이토 유스케斎藤雄介 매니저가 힘주어 말했다. 키엔스는 채용 전형도 매우 독특해서 단계마다 키엔스 스타일을 엿볼 수 있다.

키엔스의 채용 전형은 준비하기 어렵기로 유명하다. 우선, 지원서가 없다. 지원 동기도 필요 없고 학력도 묻지 않는다.

준비할 게 없어서 더 어렵다. 모든 지원자는 동일선상에서 출발한다. 지원자가 매년 4~5만 명에 달하지만 입사 인원은 200~300명에 불과하다.

일반인에게는 낯선 B2B 기업이라 취업 준비를 하기 전까지 키엔스를 몰랐다는 지원자도 많다. 따라서 키엔스의 제품에 매력을 느꼈다는 둥 억지스러운 이야기는 의미가 없다. 지원자의 성격과 가능성을 살피고, 회사에 적합한 사람인지를 중요한 기준으로 삼아 판단한다. 키엔스와 오랫동안 함께 성장할 수 있는 인재를 원하기 때문이다. 사이토 매니저는 "지원한 학생들의 본질에 접근하고자 합니다"라고 말했다.

지원서 대신 키엔스가 도입한 것은 첫째, '20초 자기소개'다. 20초라는 짧은 시간 안에 자신의 매력을 간결하고 논리적으로 설명할 수 있는지를 판단한다.

둘째는 '설득 면접'으로 학생들 사이에서 채용 전형 중에 난이도 높기로 유명하다. 말 그대로 상대를 설득하는 시험이다. 예를 들면 '나는 OO를 좋아하지 않지만 좋아하도록 설득해보세요'라는 식의 문제가 나온다. 책을 싫어하는 사람에게 독서를 유도하거나 비행기를 선호하는 사람에게 기차를 타도록 설득하라는 문제가 제시된 적도 있다. 설득 면접의 목적은 대화를 통해 상대의 니즈를 파악하고 만족할 만한 제안을 할 수 있는지를 보는 것이다. 고객도 깨닫지 못한 니즈를 알아내야 하는 키엔스의 컨설팅 영업에서 필수적인 능력을 설득 면접을 통해 확인하는 것이다.

그 밖에 '요소 면접'도 있다. '실적이 뛰어난 영업사원의 세 가지 요소를 말하라'라거나 '카리스마에 필요한 세 가지 요소를 말하라'라고 묻고, 얼마나 논리적으로 또 신속하게 답을 도출해내는지 평가한다.

개발직군을 채용할 때는 앳코더AtCoder가 운영하는 프로그래밍 대회도 활용한다. 2022년 10월 키엔스가 주최한 대회에서는 상위 약 100명에게 '2024년 엔지니어직 대졸 신입채용 1차 면접 패스권'을 증정한다고 밝혔다. 특별히 우수하다고 판단한 인재에게는 회사에서 먼저 지원을 권유하기도 한다.

면접관도 업데이트한다

"면접관 교육에 이렇게 정성을 들이는 회사도 드물지 않을까요?"

업계 관계자는 키엔스의 특징으로 채용 과정에 참여하는 직원들에 대한 교육을 꼽았다. 일반적으로 직원을 채용할 때는 해당 부서의 관리직이 면접을 담당한다. 하지만 각자의 분야에서는 베테랑일지 몰라도, 채용에는 전혀 다른 능력이 요구된다. 사람을 뽑는 일은 정말 까다롭고 회사에 미치는 영향이 크기 때문에 면접관의 책임이 막중하다.

키엔스에서는 면접 상황을 녹화해서 면접관의 실력을 향상시키는 데 활용한다. 인사 담당자와 함께 영상을 보면서 회사에 필요한 인재는 어떤 사람인지, 인재를 바라보는 관점에는 어떤 것이 있는지 서로 의견을 맞춰나간다.

키엔스는 원래부터 실력자들이 지원하는 곳으로 유명하지만, 회사의 급격한 성장으로 최상급 인재들이 더 많이 지원하게 됐다. 옛날 같으면 대단하다고 평가했을 법한 인재가 지금은 평범해졌을 정도라고 한다. 면접관의 수준도 그에 발맞춰 매년 업데이트한다. '화석이 되지 말라'라는 창업자의 메시지가 채용 활동에도 적용된다는 걸 알 수 있다.

'성격 진단'을 여러 차례 실시하는 것도 키엔스 채용 활동의 특징이다. 그중 한 가지가 '캘리퍼caliper'인데, 키엔스가 외부와 공동으로 개발한 성격 검사다. 한 번에 몇만 엔이나 하는 고가의 검사지만 합격 여부와 관계없이 최종 면접 때 지원자들에게 검사 결과를 알려준다.

한 OB는 성격 검사가 나름대로 정확했다며 면접 때의 이야기를 들려줬다.

"면접관이 '당신은 남에게 감사받고 싶어 하는 욕구가 강하고 의심이 적은 편이라 증권회사는 안 맞습니다'라고 하더군요. 게다가 고객에게 손해를 입혀도 사과하기 어려운 성격이라고 했던 것 같아요. 제 성격을 딱 꼬집는 이야기라 내심 놀랐습니다."

채용할 때 실시한 성격 진단 결과를 전사적으로 공유할 뿐 아니라 해외에서도 활용한다고 한다. 예를 들어 '상대의 상황을 고려하면서 완곡하게 설명할 수 있는 사람'이나 '관계

없는 질문에서 힌트를 얻어 단숨에 깊이 있는 질문을 던질 수 있는 사람' 등 특성마다 적합한 인물을 추출할 수 있도록 만들었다는 이야기다. 한 직원은 "'어떤 성격의 사람을 어디에 배치했더니 프로젝트가 잘 진행됐다' 같은 이야기를 들었어요"라고 말했다.

그렇다면 어떤 사람들이 키엔스에 입사하는 걸까? OB들의 이야기를 듣다 보니 '책임감이 강하고 도전을 즐기는 사람', '생각하는 것을 좋아하는 사람'이 떠올랐다. 책임감이 강한 사람들이기 때문에 고객의 요구를 자기 일처럼 생각하고 후배도 정성껏 보살피는 것 아니겠는가. 나는 처음에는 '열정의 화신' 같은 인물들이 많을 것으로 생각했다. 그러나 취재에서 만난 수십 명의 전현직 직원이 내 생각을 바꿔놓았다. 그들의 말투와 태도, 행동은 지극히 온화했고 배려심이 깊으면서도 자신감이 넘쳤다.

5장

키엔스의 시스템은 사람이다

개척 영업 없습니다

1983년 가을, 스물네 살의 오카와는 공원 벤치에 앉아 구인 정보지를 뒤적이고 있었다.

'개척 영업, 접대, 일절 없습니다.'

흥미로운 문구에 눈길이 멈췄다. 모집공고를 낸 회사는 리드전기였다.

"설마 이런 회사가 있겠어?"

오카와는 반신반의하면서도 잡지를 손에 쥔 채 리드전기의 회사 설명회로 향했다. 이것이 오카와와 키엔스의 첫 만남으로, 그는 훗날 키엔스의 바코드 리더 사업부 책임자와 인사부 매니저를 역임하고 2019년 퇴직했다.

오카와는 첫 직장인 컴퓨터 제조 업체에서 업무용 컴퓨터를 팔았다. 1960년대부터 개발된 기업의 사무 처리용 컴퓨터로, 1990년대 개인용 컴퓨터와 범용 서버로 유행이 바뀌기 전까지 시장을 주도했다. 당시는 NEC나 미쓰비시전기, 도시바東芝, 후지쓰富士通 등이 격렬한 판매 경쟁을 펼치던 컴퓨터의 춘추전국시대였다.

오카와가 구인 정보지를 뒤적거리게 된 건, 며칠 전 상사가 난데없이 영업이 적성에 안 맞는 거 아니냐고 지적했기 때문이다. 대졸 신입으로 들어와 영업 1년 차 때 신인상까지 탔으니 일은 곧잘 하는 편이었다. 하지만 당시 전통적인 영업 스타일이 도저히 몸에 맞지 않았다. 다름 아닌 '개척 영업'과 '접대' 때문이었다. 30년도 더 지난 일이니 지금과는 문화가 많이 달랐다. 제품을 사줄 가능성이 엿보이면 어디든 무작정 뛰어들어 고개를 숙이고, 신발 밑창이 다 해지도록 돌아다녔다. 상대가 조금이라도 흥미를 보이면 고역인 접대 술자리도 마다하지 않던 시절이다. 하지만 그런 상황에 위화감을 느끼던 자신을 상사는 꿰뚫고 있었던 것이다.

"고객이 '내 앞에 무릎을 꿇어봐. 그럼 컴퓨터 사줄 테니'라고 하면 자넨 어떻게 하겠어? 아마 인상 팍 구기고 뛰쳐나올 걸?"

상사의 비아냥에 오카와는 단호하게 받아쳤다.

"당연한 것 아닌가요? 그런 짓은 절대 못 합니다."

정말 자신은 영업이 맞지 않는 걸까? 스스로를 의심하며 구인 정보지를 손에 들었을 때 눈에 들어온 것이 리드전기의 구인 광고였다.

회사 설명회에서 인사 담당자의 말을 들은 오카와는 귀를 의심했다.

"리드전기에서는 고객과 영업사원이 서로 대등한 입장입니다. 고객이 그 점을 이해해주실 수 있도록, 저희는 고객의 문제를 해결하는 영업을 합니다. 상상을 뛰어넘는 솔루션을 제안합니다. 이것이 리드전기의 영업입니다."

지금까지 '고객은 신'이라고 생각하는 회사에서 일했다.

고객사의 규모와 상관없이 맨땅에 헤딩하는 나날이었다. 그런데 고객과 대등한 입장이라니, 자신이 알고 있던 세상이 뒤집히는 느낌이었다. 오카와는 당시를 회상하며 이렇게 말했다.

"요즘 말하는 컨설팅 영업을 40년 전부터 강조했던 거죠. 눈이 번쩍 뜨였습니다."

고객에게 최고의 의사가 되자

오카와는 당시 인사 담당자의 설명을 생생히 기억하고 있었다. 그는 이렇게 설명했다.

"예를 들면 여러분이 감기에 걸렸다고 합시다. 의사를 찾아가겠죠? 의사와 이런저런 이야기를 나눈 뒤 감기로 진단받으면 처방전을 받습니다. 진료비가 2,000엔이라고 하면 여러분은 어떻게 하시나요? 좀 깎아달라고 하시나요? 그냥 돈을 내고 감사하다고 인사할 뿐 치료비를 깎을 생각은 하지 않을 겁니다."

오카와는 머릿속에 번개가 치는 듯한 충격을 받았다. 인사 담당자는 다음과 같이 이야기를 마쳤다.

"일류 의사는 사람의 목숨을 구하기 위해 항상 최신 의료 지식과 기술을 습득해서 최고의 치료를 합니다. 리드전기가 목표로 삼는 영업이 바로 그겁니다. 땀 흘리고 체력을 사용하는 개척 영업이나 접대로 고객의 정에 호소하는 전통적인 방식의 영업을 하고 싶다면 돌아가셔도 좋습니다. 머리를 쓰는 영업, 끊임없이 배우고 생각해야 하는 일이 두렵지 않은 분은 그대로 남아 입사 테스트를 받으시길 바랍니다."

'여기다!'

입사 시험을 치르면서 오카와는 이미 마음의 결정을 내렸다.

"리드전기의 영업은 일류 의사를 목표로 한다는 한마디가 가슴에 꽂혔어요."

그때까지는 고객이 가격을 깎아달라고 하면 겉으로는 호탕하게 받아들였다. 거래가 끊길까 봐 거절하지 못하고 회사로 돌아와서 관계 부서에 사정사정하는 식이었다. 그것이 당연했던 오카와에게 리드전기가 제시하는 영업 방식은 파격적이었고 흥미로웠다.

키엔스의 고객과 영업사원이 대등한 관계라는 사실이 잘 드러나는 에피소드가 있다. 〈닛케이 비즈니스〉 특집기사를 내기 위해 키엔스를 집중적으로 취재한 2003년, 한 대기업 전자부품 업체의 재무 담당 임원은 이렇게 말했다.

"우리 제품은 단가가 10엔도 안 돼요. 그런데도 생산 라인에는 몇만 엔부터 수십만 엔짜리 키엔스의 센서와 측정기가 줄줄이 달려 있어요. 왜 이렇게 비싼 장비를 써야 하느냐고 불평했죠. 그랬더니 영업사원이 그러는 거예요. 몇천만 엔이나 하는 라인에 몇십만 엔짜리 측정기를 달아서 생산성이 2배, 3배가 되면 싸게 치는 것 아니냐고요. 제가 한 수 배웠습니다."

일본 최고 연봉의 회사

시험에 합격한 오카와는 1984년 1월 리드전기에 입사했다. 입사 첫날, 주위의 축하 인사를 뒤로하고 창업자 다키자키와 개인 면담을 했을 때다. 그날의 충격은 아직도 생생하다.

"오카와 씨, 월요일 아침에 일어나면 금요일 밤에 잠들 때까지 계속 일만 생각해주세요."

처음 출근하는 날, 직원과의 첫 대면에서 사장이 한 말이다. 이전 직장에서는 아침에 출근하면 동료들과 전날 야구 시합 이야기나 하면서 커피를 마시는 게 당연했다. 키엔스는 달랐다. 아침에 눈을 뜨자마자 업무 준비를 하라는 것이 경영자의 첫 메시지였다.

"정말 놀랐습니다. 아직도 그날 사장님이 하신 말씀이 생생해요."

지금도 업계에서는 '키엔스는 사담 금지'라는 소문이 나 있다. 하지만 실제 영업소를 방문해보니 직원들이 활발하게 대화를 즐기고 있었다. 입을 다문 채 키보드만 두드리는 살벌한 직장은 결코 아니었다. 단지 업무 중에 쓸데없는 이야기는 안 하는 게 당연한 분위기일 뿐이다. 이것이 '사담 금지'라는 오해를 낳은 듯하다.

오카와는 직원이 80명 정도였던 당시를 떠올렸다.

"매출이 30억 엔 정도였을 겁니다. 흔한 중소기업이었죠. 당시 사장이었던 다키자키 씨도 직원들과 한 사무실에서 책상을 나란히 놓고 일했어요."

설립한 지 이제 겨우 10년 남짓 된 진짜 벤처 기업이었다.

그해 오사카부 다카쓰키 시내에 세운 본사 준공식에서 다키자키 사장은 직원들을 앞에 두고 자신의 꿈을 이야기했다.

"첫째, 어디서 일하는지 사람들이 물으면 자랑스럽게 명함을 건넬 수 있는 회사로 만들고 싶습니다. 둘째, 일본에서 가장 월급을 많이 받는 회사로 만들 겁니다. 여러분 한 사람 한 사람이 창출하는 부가가치 또한 일본 제일이 될 겁니다."

오카와는 사장님 말씀에 크게 공감했다.

"당시 스물일곱에서 스물여덟 살이었으니 매일같이 미팅하러 나갔죠. 남자들이 자기소개를 하는데 다들 회사를 먼저 밝히고 이름을 말하는 거예요. '마쓰시타의 아무개입니다', '미쓰비시의 아무개입니다' 하는 식이죠. 분위기가 아주 좋았어요. 그러다가 제 차례가 되어서 '리드전기의 오카와입니다'라고 하니까 갑자기 조용해졌어요. 그때 생각했죠. 나도 언젠가 자랑스럽게 회사 이름을 말하고 싶다고 말이에요."

현재 키엔스의 급여는 일본 최고 수준이지만 당시만 해도 일류 기업에 비해 꽤 적은 편이었다.

"상장기업에 다니는 친구가 한잔하자고 하면 꼭 어디냐고 물어봤어요. 비싼 데면 시간이 안 된다고 적당히 핑계를 대곤 했죠(웃음). 그래서 월급 많이 받는 회사로 만들고 싶다고 생각했어요."

회사의 미래는 직원이 결정한다

다키자키 사장은 두 가지 꿈을 이야기한 뒤 말을 이어나갔다.

"제가 꿈꾸는 회사가 완성될 때까지 10년이 걸릴지 20년이 걸릴지 알 수 없습니다. 어쩌면 5년도 안 돼 회사가 없어질 수도 있겠죠. 회사의 미래는 경영자 혼자 만들어낼 수 없습니다. 지금 제 앞에 계신 여러분이 앞으로 어떤 목표를 세우느냐, 어떤 성과를 내느냐에 달려 있습니다. 우리 회사의 미래는 여러분이 만드는 겁니다."

오카와는 상당히 놀랐다.

"회사는 경영자가 만드는 거라고 막연히 생각해왔어요. 그런데 우리 직원들이 만들어간다는 사실을 그때 처음 깨달았습니다."

주변의 동료들도 마찬가지였다. 감탄의 목소리가 여기저기서 새어 나왔다. 직원들은 더욱 똘똘 뭉쳤고, 누구 하나 강요하는 사람은 없었지만 고된 업무도 마다하지 않고 열심히 일했다.

"회사의 미래는 직원이 결정하는 것이니 내가 원하는 회사를 만들려면 어떻게 해야 할지 다들 사장 마인드로 일하게 된 거죠."

다키자키 사장의 연설은 일종의 '코칭'이라고 할 수 있다. 최근 자발적 행동을 독려하는 방법으로 주목받고 있는 코칭을 일찌감치 실행한 것이다. 다키자키는 결코 열혈남 스타일이 아니다. 화낼 때 말고는 늘 조곤조곤 말한다고 한다. 직원의 심정을 깊이 이해하고, 어떻게 하면 자신의 의도를 전할 수 있을까 고민하는 인물에 가깝다.

'목표의식과 목적의식, 그리고 문제의식을 갖고 늘 긍정적으로 행동한다.'

사내에서 끊임없이 강조되는 키엔스의 행동 지침이다. 이 지침은 다키자키가 자신의 꿈을 이야기한 1980년대 중반부터 직원들에게 공유됐다. 오카와는 이 지침의 진정한 의미를 다키자키의 이야기를 듣고 온몸으로 이해할 수 있었다고 회상했다.

그리고 몇 년 뒤 키엔스의 주가가 일본 1위를 찍은 1991년, 〈닛케이 비즈니스〉와의 인터뷰에서 다키자키는 이렇게 이야기했다.

"우리 회사는 제조 업계에서는 최고 수준의 임금을 지급하고 있습니다. 서른 살이 넘으면 연봉이 1,000만 엔 정도 될 겁니다." 하지만 만족하지 않고 더 위를 향해 나아가고 있었다. "우리 급여 체계가 특별하다고 생각하지 않습니다. 인재를 모으려면 일하는 보람도 중요하지만, 역시 숫자로 나타나는 대우가 좋아야 합니다. 앞으로는 주가뿐 아니라 연봉도 일본 최고로 만들고 싶습니다."

평균 연봉 2,000만 엔 이상으로 주변의 부러움을 사고 있는 키엔스. 그 숫자에는 창업자의 진심이 담겨 있다.

저는 카리스마 경영자가 아닙니다

"저는 카리스마 경영자가 아닙니다."

키엔스 OB들은 1980년 무렵부터 창업자 다키자키가 강조하던 이 말을 지금도 기억한다.

영업사원들이 성과를 올릴 수 있는 시스템과 업무 의욕을 고취하는 회사 분위기, 지금까지 살펴본 키엔스의 이모저모에서 한 가지 공통점을 찾을 수 있다. 개개인의 역량에 의존하지 않는다는 점이다. 이는 기업의 수장에게도 예외 없이 적용된다.

키엔스에서는 누가 말했는지는 중요하지 않다. 무엇을 말했는지가 중요하다. 수평적 조직 문화가 뿌리내린 덕에 업무 활동에서 연차와 직책을 의식하는 일은 거의 없다.

상징적인 것이 직함이다. 앞서 잠깐 언급했듯이, 키엔스에서는 사장을 '사책'이라고 부른다. '회사의 책임자'라는 뜻이다. 그 사람이 져야 하는 책임을 명확히 하기 위해서다. 또 부장이나 과장처럼 '장長'이 지닌 '가장 윗사람'이라는 이미지를 배제하기 위해서다. 키엔스에서는 부장을 부책部責, 기종 책임자를 기책機責이라고 부른다.

다키자키가 '카리스마 경영자'에 대해 부정적인 이유는 그 존재가 혁신에 걸림돌이 될 가능성이 크다고 보기 때문이다. 2003년 인터뷰에서 그는 이렇게 말했다.

"카리스마 경영자라고 하면 모든 일을 혼자 결정한다는 인상이 강하죠. 하지만 권한을 이양하고 자신의 생각을 전하면서 현장 사람들과 함께 고민하지 않으면 좋은 아이디어는 나오지 않습니다."

▎키엔스의 창업자 다키자키 다케미쓰. 2003년 촬영(사진: 야마다 데스야)

다키자키는 창업 당시부터 자신이 아니라도 회사가 돌아갈 수 있도록 만들겠다고 생각했다고 한다. 2000년 사장직을 그만두고 회장으로 취임한 이유다.

"제가 반년이든 1년이든 자리에 없어도 이 회사는 잘 굴러갈 거라고 생각했어요."

관리직 직원들에게도 자신이 없어도 조직이 문제없이 운영되게 만들라고 늘 이야기한다고 했다.

카리스마 경영자는 필요 없다

다키자키의 이런 발상은 어디에서 왔을까? 1991년 인터뷰에서는 창업에 대한 생생한 기록을 들려줬다.

"상품을 통해 세상을 바꾸고 싶습니다. (…) 단지 그뿐입니다. 사상이나 이데올로기를 강조할 생각은 없어요. 제가 고등학교 때는 학생운동이 엄청났어요. 저도 운동을 주도하는 입장이었지만 '이데올로기는 결국 호불호의 세계'라는 걸 깨달았습니다. 그래서 숫자로 승부를 볼 수 있는 사업을 하겠다고 마음먹었죠. 사상을 내려두고 창업을 했으니 경영에도 특별한 사상은 필요치 않다는 게 제 지론입니다."

기업에 사상의 통일은 필요 없다. 회사는 어디까지나 이익을 내기 위한 집단이다. 다키자키는 말을 이었다.

"경영자 모임에서도 이제 실속보다 규모를 키워야 한다는 분들을 종종 만납니다. 하지만 그래서는 사업을 한다고 할 수 없습니다. 기업가의 첫째 조건은 자산을 이용해서 높은 수익을 올리는 겁니다. 이익을 올리지 못하면, 다시 말해 직원에게 부가가치가 낮은 일밖에 맡길 수 없다면 사업을 할 자격이 없습니다."

다키자키 자신도 사업가로서 자신과 회사 사이에 선을 긋는 방식이 적성에 맞는 듯하다고 밝혔다.

"사실 직원이 20~30명 정도밖에 없던 창업 초기에는 일하기가 더 힘들었어요. 나만 믿고 따르라는 유형의 인간이 아니니까요. 저로서는 조직을 움직이는 게 훨씬 편합니다."

경영자의 카리스마가 강할수록 후계자 선정에 고민이 깊기 마련이다. 키엔스와 동시대에 일본전산日本電産을 창업한 나가모리 시게노부永守重信, 소프트뱅크SoftBank 그룹의 손정의孫正義 회장, 패스트리테일링Fast Retailing을 일본 내 최대 어패럴 기업으로 키워낸 야나이 다다시柳井正는 모두 카리스마 경영자로 유명하다. 하지만 자신을 대체할 존재가 없어 경영 승계에 어려움을 겪고 있다.

창업자이면서도 자신은 카리스마 경영자가 아니라고 단언하는 다키자키는 1991년 인터뷰에서 이런 말도 남겼다.

"창업자들은 '회사는 내 자식 같은 존재'라는 말을 자주 합니다. 하지만 전 그렇게 생각하지 않습니다. 아직 발표하지는 않았지만 은퇴 시기도 이미 정해두었습니다. 자식들에게 회사를 물려줄 생각은 애초에 없었고요. (…) 제 손으로 후계자를 확실히 키운 뒤에 물려줄 생각입니다."

예고대로 다키자키는 2000년 사사키 미치오에게 사장 지위를 위임했다. 이후 2010년에는 3대 사장인 야마모토 아키노리, 2019년에는 4대 사장인 나카타 유가 취임했다. 대개 10년 주기로 사장이 바뀌었지만 키엔스의 문화는 변함없이 계승되고 있다.

최고경영자가 바뀌는데도 사풍을 유지할 수 있는 이유는 무엇일까? 한 OB는 이렇게 말했다.

"다키자키 씨는 누구 한 사람을 후계자로 키운 게 아닙니다. 시스템을 구축한 거죠. 사람이나 지위와 관계없이 최적의 의사결정이 가능한 시스템을 마련한 겁니다."

키엔스와 다른 회사의 차이에 대해 오카와는 경영 이념이 매일의 행동으로 철저히 실행되는 점이라고 말했다.

"대부분의 회사는 직원이 입사하면 경영 이념을 교육하지만 실제 업무에는 충분히 반영되지 않죠. 키엔스는 다릅니다. 매일의 행동에 창업자의 경영 이념이 스며들어 있습니다. 직원들은 다양한 상황에서 창업자의 말을 의식하며 행동합니다."

이념과 행동은 실제 체험으로 반복되어야만 정착될 수 있다는 뜻이다.

최근 회사가 무엇을 위해 존재하는지 그 이유를 뜻하는 '목적'의 중요성이 부각되고 있다. 매일의 행동을 가시화하고 목적에 맞는지 스스로 점검하는 키엔스의 직원들은 목적 경영의 가치를 정확하게 보여준다. 이는 곧 '행동과 목적이 연결되지 않는다면 목적은 공허한 울림이 되고 만다'라는 경고이기도 하다.

키엔스처럼 '카리스마는 필요 없다'라고 공언하는 기업이 또 있다. 미국의 제약회사인 존슨앤드존슨Johnson & Johnson이다. 2001년까지 13년 동안 이 회사의 일본 법인에서 사장을 역임한 히로세 미쓰오広瀬光雄는 2022년 1월 〈닛케이 비즈니스〉와의 인터뷰에서 이렇게 이야기했다.

"카리스마 경영자가 있는 동안에는 실적을 올릴 수 있겠죠. 하지만 그 사람이 없어지면 바로 매출이 정체된다는 게 문제입니다."

카리스마 경영 대신 존슨앤드존슨은 직원 한 사람 한 사람이 무엇을 위해 일하는지 목표를 제시한다. 그 결과 장기간에 걸쳐 안정적으로 성장할 수 있었다고 히로세는 말한다.

"기업마다 창업자의 말씀이나 사훈이 있지만 중요한 건 누구나 알기 쉽고 명료해야 한다는 겁니다. 그리고 실천 가능성을 살펴서 경영활동에 적용하고, 주주와 직원을 비롯한 모든 이해관계자에게 제시해야 합니다. 실천하지 않는 사훈은 의미가 없습니다."

기업을 대상으로 FA용 센서를 공급하는 키엔스와 제약회사인 존슨앤드존슨. 키엔스를 취재하다 보면 종종 전혀 다른 업계 회사와의 공통점을 발견하게 된다. 이런 키엔스의 경영 특징은 창업자인 다키자키의 첫 직장이 외국계 기업이었던 영향인지도 모른다.

창업을 꿈꾼 고교생

키엔스에 대한 취재를 이어가면서 효고현 아마자키시를 찾았다. 목적지는 아마자키역에서 도보로 10분 정도 거리에 있는 아마자키공업고등학교다. 한신 공업지대의 핵심을 담당하는 아마자키 지역에는 구보타나 얀마YANMAR, 스미토모 정밀공업住友精密工業, 다쿠마Takuma 같은 제조 업체의 본사와 공장이 즐비하다. 학생들은 생생한 제조업의 분위기를 느끼면서 학업에 몰두한다. 키엔스 창업자인 다키자키도 반세기 전에는 그런 학생 중 한 명이었다.

1945년 6월 제2차 세계대전이 끝나기 직전 다키자키는 이곳 효고현에서 태어났다. 어릴 때부터 물건 만드는 일에 흥미가 있었던 듯하다. 2003년 인터뷰에서는 유소년기의 추억을 들려줬다. 초등학교 6학년 때 아버지를 따라 견본시장에 가서 다양한 기계를 구경했던 기억, 스미토모금속공업住友金属工業의 와카야마 제철소에 갔을 때 공장 부지를 달리는 버스를 보고 엄청난 규모에 놀랐던 일, 그 모든 것이 자신들의 생활을 지탱해준다는 생각에 빠졌던 일 등이다.

"저는 기억이 잘 안 나지만 친구가 그러더군요. 제가 졸업앨범에 어른이 되면 테이프리코더를 만들겠다고 적었대요. 어렸을 때부터 만드는 걸 좋아했던 거죠. 중학교 때는 친구들한테 10엔을 걸어 약국에서 마그네슘을 사서 실험을 하기도 했어요."

고등학교에 들어가 학생운동에 참가하던 때부터 다키자키의 마음은 창업을 향하고 있었다.

"공업고등학교에 들어가서 학생회와 자치회 회장이 됐습

니다. 아마자키시에서 여학교를 포함해 5개 학교로 구성된 연합회도 만들었어요. (…) 그러다가 학생운동이 활발해졌고 교토대학교의 학생이 초대한 공부 모임에 나간 적도 있어요. (…) 사상의 문제는 결국 호불호의 세계였어요. 저는 사업을 하는 편이 좋겠다고 생각했습니다."

아마자키공업고등학교는 현재 전자과와 기계과 등 4개 학과가 있다. 학생들은 로봇 제작과 전자기기 조립, 전기공사 자격을 획득해 가와자키중공업川崎重工業이나 이스즈자동차いすゞ自動車에 취업해서 사회생활을 시작한다.

"우리 학교 졸업생 중에는 키엔스를 창업한 다키자키라는 대단한 선배가 있대."

이 학교 출신 유명인으로 개그맨 마쓰모토 히토시松本人志도 있지만, 키엔스라는 일본 굴지의 고수익 기업을 일군 다키자키 역시 전설 같은 인물로 통한다.

은둔의 경영자

별로 알려져 있지 않지만 다키자키는 일본 내 굴지의 자산가다. 〈포브스〉가 발표한 2022년 세계 억만장자 순위를 보면 그의 재산은 239억 달러로 세계 61위다. 패스트리테일링 창업자 야나이 다다시 회장과 그 가족이 261억 달러로 세계 54위이면서 일본 최고 부자에 올랐다. 다키자키는 그 뒤를 이어 2위다. 참고로 일본 3위는 소프트뱅크 그룹의 손정의 회장으로 자산은 213억 달러, 세계 74위다.

그런 다키자키를 고향 간사이 사람들은 어떻게 바라볼까?

이 지역에도 일선에서 물러나 재계 활동에 힘을 쏟는 경영자들이 많다. 다음 재계 인사에서 누가 어떤 자리로 갈지 등은 은퇴한 경영자들에게 대단히 관심 있는 주제다. 하지만 다키자키의 이름은 그들 사이에서는 찾아볼 수 없다. 오사카 상공회의소나 간사이 경제연합회, 그리고 재계와 인연이 깊은 아마자키시와 이타미시의 상공회의소에 문의해도 '모임 회원이 아닌 데다 접촉이 없어 모른다'라는 퉁명스러운 답이 돌아왔다.

“고향 사람이나 직원들 생각을 많이 한다고 해요.” 키엔스 본사 근처에서 15년 넘게 카페를 운영해온 여사장님의 말이다. “직접 만난 적은 없지만 오사카에 투자하고 싶다는 마음을 표현하기도 하셨어요. 키엔스 빌딩에 자가발전기가 있으니까 지진이 나면 회사 건물로 오라고 주변에 말씀하신다고도 했어요. 빌딩에 밤새 경비원이 보초를 서니까 여자들이 안심하고 다니라고 그러는 거래요.”

삼세번의 도전, 리드전기

1964년 아마자키공업고등학교를 졸업한 다키자키는 외국계 제어기기 제조사에 취직했다. 프로세스 제어 시스템을 만드는 엔지니어로 일을 시작한 그는 얼마 뒤 독립해서 전자기기 회사를 세웠지만 실패했다. 다시 조립품의 하청 사업에 도전했지만 이번에도 잘 풀리지 않았다. 그리고 세 번째 도전한 것이 리드전기다.

창업 당시 다키자키의 나이는 스물일곱 살이었다. 주력 사업은 전선 제조 업체를 대상으로 하는 자동 선재 절단기였다. 사업이 궤도에 오른 건 최신 전자제어 기술을 이용해 기계의 소형화에 성공하면서부터다. 창업 이듬해인 1973년에는 키엔스의 대표 상품인 FA 센서를 개발해서 시판에 들어갔다.

키엔스가 비약적인 성장을 이룬 계기는 토요타자동차トヨタ自動車에 비즈니스 제안을 한 일이었다. 1970년대 초반 토요타는 고가의 프레스 금형이 손상되는 사고 때문에 골머리를 앓고 있었다. 프레스 가공 과정에서 금속판을 2장씩 내보내는 오류 때문이었다. 이 사실을 알게 된 다키자키는 1973년 그 현상을 방지하는 센서를 개발해서 토요타자동차에 제안했다. 결과는 성공이었고, 자기를 응용한 '금속판 2장 반송 검출 센서'는 1974년부터 토요타 공장에 도입됐다. 같은 해 다키자키는 리드전기를 법인화했다.

토요타자동차에 대한 센서 영업은 리드전기를 성장시켰을 뿐 아니라 센서를 이용해 제조 현장의 효율성을 컨설팅한다는 키엔스의 핵심 비즈니스를 탄생시켰다. 간사이 지역에서

토요타에 컨베이어 시스템을 납품하고 사업을 확장한 다이후쿠ダイフク 같은 회사도 있다. 당시 토요타와 거래하면서 성장한 기업이 많았는데 키엔스도 그중 하나다.

다키자키가 직접 개발해서 판매한 센서는 토요타 외에 닛산자동차 공장에도 도입됐다. 그 덕에 설립 2년 만에 흑자전환에 성공했다. 회사 이익을 직원에게 환원하는 제도도 이때부터 시작했다. 고객사에 대한 생산성 개선 컨설팅이나 직원에 대한 고액 보수 제도는 창업 시기부터 50여 년 동안 거의 그대로 유지되고 있다.

참고로 창업 아이템이었던 자동 선재 절단기는 영업이익률이 20%나 됐지만 당시 이미 40%의 이익을 올리던 센서보다 수익성이 낮다는 이유로 1982년 시장에서 철수했다. 다른 기업이라면 창업 아이템으로 소중히 보존할 법한데 키엔스에는 현재 한 대도 남아 있지 않다고 한다. A/S가 필요하지 않게 된 시점부터 현재와 미래 사업은 연결고리가 끊어진다. 그런 상품은 전량 폐기한다. 예외는 없다.

"부가가치를 창출하는 것은 기술과 과학입니다. 과거가 아닙니다. (…) 키엔스에 추억은 필요하지 않습니다."

자동 선재 절단기의 철수를 결정하던 무렵, 다키자키는 특정 기업에 의존하지 않는 경영 체제를 구축하는 데 도전했다. 1982년부터 1년 동안 키엔스 매출의 20%를 차지하던 제조 업체와 거래 규모를 줄이기로 결단한 것이다. 키엔스는 현재 9개 사업 부문의 개별 매출을 공표하지 않지만, 부문마다 큰 차이는 없다고 강조했다. 특정 제품이나 기업에 의존해서 발생하는 구조적 리스크를 줄이려는 노력의 결과다.

일단 한번 해봐

다키자키는 스스로 카리스마 경영자가 아니라고 강조하지만, OB들의 회식 자리에서 그의 이름이 나오면 아직도 다들 자세를 고쳐 앉을 정도다. 사장에게 직접 혼난 직원도 있다고 한다.

"누군가가 말을 하고 있을 때 팔짱을 끼는 건 무례한 일이라고 야단을 치셨죠. 아버지한테 잔소리를 듣는 기분이었습니다. 반면 무슨 아이디어든 스스로 인정할 만한 것이면 시도해보라고 격려해주셨어요. 직원들을 품어주는 분이셨습니다."

생산관리부장으로 일했던 그는 1982년 리드전기의 대졸 신입 채용 1기로 입사했다. 입사 동기는 6명이었다고 한다. 그때까지 리드전기는 경력직 채용으로 인재를 확보해왔다. 입사 후 생산관리부로 발령이 났고 제품 검수나 박스 포장도 직접 했다. 날마다 영업사원이 보내주는 데이터를 확인해 출하 작업을 했고, 운수회사에 배송을 의뢰했다.

입사 2년 차인 스물네 살 때 일이다. 당시만 해도 공장이 없던 리드전기는 협력사에 모든 제품의 생산을 의뢰하고 있었다. 가격을 협상하고 일정을 조율하느라 밤낮없이 뛰어다녔는데 사업 규모가 커질수록 위기감이 느껴졌다. 이대로 가다가는 협력사들을 제대로 관리할 수 없겠다는 생각에서다.

"시제품을 만든 즉시 양산해버리면 반드시 변경해야 하는 사항이 나옵니다. 그러니 출하하기 전에 우리 공장에서 양산하는 게 낫지 않을까요? 성공하면 비용도 크게 절감할 수 있습니다."

그는 용기를 내 다키자키 사장을 직접 만나 설득했다. 그러자 다키자키는 "자네는 아직 젊으니 다섯 살 많은 선배를 붙여주겠네"라며 흔쾌히 팀을 짜줬다. 그렇게 해서 설립된 회사가 지금의 키엔스엔지니어링이다. 키엔스의 시제품을 제작하고 일부 제품의 양산을 책임지고 있다. 당시 회사명은 '크레포クレポ'로 퀵 리스폰스Quik Response, 즉 빠른 해답에서 따왔다.

위스키로 유명한 산토리サントリー의 창업자 도리이 신지로鳥井信治郎 회장이 입에 달고 사는 말이 "일단 한번 해봐"였다. 도전을 격려하는 정신은 같은 간사이 지역에서 성장한 키엔스에도 계승된 듯하다.

"입사 2년 차 직원의 이야기를 사장이 진지하게 들어준 겁니다. 제 아이디어로 회사에 공헌할 수 있다는 걸 그때 실감했습니다."

'누가 말했는지는 중요하지 않다. 무엇을 말했는지가 중요하다'라는 사풍을 다키자키 사장 자신부터 실천한 것이다. 물론 마지막에 한마디는 빼놓지 않았다.

"대신 돈을 못 벌면 안 돼."

시가총액 일본 3위의 기업

다키자키 회장의 반항 정신을 느낄 수 있는 에피소드도 있다. 1990년대 대기업 소니ソニー에서 초대한 파티에 참석한 다키자키는 당시 소니 회장에게 인사를 하고 명함을 건넸다. 하지만 키엔스라는 회사를 제대로 모르는 것 같았다. 그것이 못내 분했던지 다키자키는 "소니 회장도 알아주는 일류 회사로 만들겠어"라고 주변 사람들에게 이야기했다고 한다.

그로부터 30년 가까운 세월이 지나 키엔스는 시가총액이 14조 엔을 웃도는, 누구도 넘볼 수 없는 기업이 됐다. 2022년 11월 28일 종가로는 토요타자동차, 소니 그룹의 뒤를 이어 일본에서 세 번째로 큰 회사가 됐다. 한때 소니 그룹을 제치고 2위가 된 적도 있다.

오사카 증권거래소 2부에 상장한 것이 1987년 10월로, 창립한 지 13년이 지났을 때다. 1990년 9월에는 도쿄 증권거래소 1부와 오사카 증권거래소 1부에 상장했다. 1991년에는 가정용 컴퓨터의 폭발적인 인기에 힘입어 오랫동안 주가 톱을 기록하던 닌텐도를 뛰어넘어 '일본에서 주가가 가장 비싼 회사'로 주목받았다.

하지만 당시 다키자키의 반응은 시큰둥했다. 1991년 인터뷰에서 소감을 묻자 냉철한 답변이 돌아왔다.

"주가는 발행한 주식 수에 따라 달라지는 거니 큰 의미가 없어요. 그보다 중요한 건 회사가 자본을 투자해서 얼마나 이익을 냈는지, 또 직원 한 사람 한 사람이 수익을 얼마나 올렸는지가 아닐까요?"

버블 붕괴의 나락 속에서도 키엔스는 흔들리지 않았다. 한 치 앞이 보이지 않던 1991년, 그는 인터뷰에서 자사 제품의 강점을 역설하며 자신감을 보였다.

"경기가 좋으면 우리 센서를 장착한 공작기계나 생산설비가 잘 팔리니 수익이 늘어납니다. 경기가 나빠지더라도 기존 설비의 효율성을 높여야 하니 센서 수요는 생각만큼 떨어지지 않죠. 그동안 설비를 제대로 점검하지 못했던 현장들이 아직 많습니다. 다소 영향은 있겠지만 걱정할 정도는 아닙니다."

리먼 쇼크나 동일본 대지진 이후에도 키엔스의 실적은 하락하지 않았다. 2020년 코로나19 사태로 소폭 감소세를 보였지만 업계 전체로 보면 미미할 정도다. 불경기에 대한 키엔스의 내성은 객관적으로도 평가받고 있다 오카산증권의 분석에 따르면 일본 내 공작기계 수주가 20% 정도 떨어져도 키엔스의 대처 능력은 충분하다고 한다.

FA에 대한 투자는 세계적으로 지속될 것이다. 다소의 풍랑은 닥치겠지만 다키자키와 그 아래에서 단련된 직원들이 일궈낸 키엔스 시스템에서 사각지대는 찾아볼 수 없었다.

6장

무명의 키엔스, 해외에서도 날다

미국 주재원의 눈물겨운 투쟁

"마트에 가면 시식하라고 고기 구워주잖아요. 그거랑 똑같아요. 키엔스 영업사원은 공장까지 찾아와서 기기를 시연해줍니다. 그러니 나도 모르게 사게 되는 거죠."

미국에서 자동차 부품을 제조 판매하는 한 일본계 사장이 키엔스의 영업 스타일을 이처럼 재미있게 설명해줬다.

제조 과정에서 발생하는 불량을 검사하고 싶다고 하면 영업사원은 검사할 수 있는 기기를 당장 가져와서 시연을 해 주고, 골머리를 앓던 문제의 해결책까지 알려준다. 키엔스의 상품이 팔리는 이유다.

키엔스의 해외 법인에서 근무했던 OB들은 한목소리로 말했다.

"외국도 마찬가지입니다. 일본에서 하던 방식 그대로 옮겨 와서 정착시키고 있습니다."

고객사의 요구와 직원의 가치관은 나라마다 다를 수 있다. 따라서 현지화 작업이 필요하다. 그런데 키엔스는 어떻게 일본 내의 방식을 해외에서도 그대로 적용할 수 있을까? 이 장에서는 키엔스의 미래 성장 엔진이 된 해외사업과 신규 분야에 대한 도전을 살펴본다.

자동차 업계의 전통 강자인 토요타와 폭스바겐Volkswagen을 가볍게 뛰어넘어 2020년 업계 시가총액 세계 1위로 뛰어오른 테슬라. 일론 머스크가 이끄는 이 회사의 프리몬트 공장에서 그리 멀지 않은 샌프란시스코에 키엔스의 영업 거점이 있다. 가타야마 히로토片山博登는 그곳에서 프로젝트 세일즈 매니저로 일하고 있다. 그는 2005년 키엔스에 입사해서 일본에서 7년 정도 영업 경험을 쌓고 중국을 거쳐 2019년에 미국으로 부임했다. 벌써 10년째 해외 법인에서 활약 중이다.

담당 지역은 샌프란시스코이며 주로 미국에 있는 글로벌 기업의 대규모 안건을 처리한다. 고객사는 자동차부터 의약품, 반도체, 식품까지 다양한 업계의 기업들이라서 매일 정신없이 바쁘다.

"앞으로 10년 정도 진행될 글로벌 프로젝트를 비롯해 굵직굵직한 안건을 수주할 기회가 늘고 있습니다."

미국에서는 키엔스가 판매하는 FA기기에 대한 수요가 전에 없이 높아지고 있다. 인플레이션으로 인한 임금 급등이 가장 큰 이유다.

키엔스의 해외 법인은 기본적으로 판매회사다. 따라서 키엔스의 노하우를 정착시킬 수 있을지, 즉 일본식 세일즈 방법을 얼마나 침투시킬 수 있을지가 관건이다. 미국에서는 일반적으로 판매 대리점을 이용하므로 키엔스처럼 직접 영업하고 판매하는 스타일은 흔치 않다. 그러므로 현지에서 입사한 직원들은 키엔스 스타일의 세일즈를 처음부터 배워야 한다.

롤플레이와 시연 중시

키엔스의 영업에서는 고객의 잠재 니즈를 끌어내면서 대화하는 능력이 중요하다. 효과적인 훈련 중 하나가 상사와 팀을 짜서 고객과 미팅하는 상황을 재연하는 롤플레이다. 수주율을 높이기 위해 대화 내용부터 일거수일투족을 디테일하게 살핀다. 무수히 연습하고 끊임없이 반복해야 하지만 해외 직원들도 당연한 일과로 여기고 실행 중이다. 가타야마 역시 롤플레이의 중요성을 강조했다.

"신입이 들어오면 일본과 동일한 연수를 거쳐 담당 지역을 정합니다. 고객과 효과적으로 상담을 하려면 롤플레이 연습이 중요합니다. 필요한 기술 지식이나 암묵적 경험을 선배한테서 자세히 배우고 익힐 소중한 기회니까요."

일본에서는 일주일에 2~3일인 외근일에 하루 5건에서 10건의 상담 약속이 보통이다. 하지만 국토가 넓은 미국은 이동 시간이 길어서 그 정도로 자주 현장을 찾지는 못한다. 따라서 한 번 만났을 때 더 확실하게 인상을 남기고 설득해야 하므로 미팅 내용과 시연이 일본에서보다 훨씬 더 중요하다. 실제 고객의 눈앞에서 기계를 작동시키고 효과를 설명하는 제품 시연은 일본 이상으로 반응이 좋다고 한다.

"백화점에서 손님한테 화장품 샘플을 써보게 하는 것과 같아요. 직접 발라보지 않으면 얼마나 좋은지 잘 모르잖아요."

일본계 제조 업체 사장의 만족스러운 목소리에서 키엔스의 영업 스타일이 해외에서도 통한다는 사실을 확인할 수

❙ 키엔스 샌프란시스코 사무실에서 일하는 가타야마

있었다.

미국 현지 법인에서도 직원을 육성하는 데 지원을 아끼지 않는다. 상사가 부하를 동행하면서 지원하는 시스템도 일본에서와 마찬가지다. 코로나19 유행기에는 온라인으로 참가하는 식으로 잠시 바뀌었지만, 동행 방식은 지금까지 꾸준히 이어지고 있다. 또 미팅 전후에 기록하는 외보도 시행 중이다. 어떤 목적으로 고객을 방문했고, 어떻게 영업 상담을 진행했는지 등을 사전에 상사와 확인하고 방문 후에도 복기하면서 점검한다. 작성법은 조금씩 다를 수 있지만 정보는 정확하고 꼼꼼하게 기록된다.

이런 치밀한 관리법을 해외 직원들도 의외로 잘 받아들인다고 가타야마는 말한다.

"키엔스가 어떤 회사인지 미리 알고 입사합니다. 반년 정도 연수를 거치면 확실히 훈련받을 수 있으니 현지 직원들의 평판이 꽤 좋습니다. 직원들도 성과를 올리면 신나서 보고하러 오곤 하죠."

목적과 행동을 연결한다

물론 현지에서 채용한 멤버와 신뢰 관계를 구축하기는 쉽지 않다. 가타야마는 고충도 털어놓았다.

"여기서는 직원이 일본에 있을 때 얼마나 활약했는지는 상관이 없습니다. 중국이면 중국, 미국이면 미국 등 현지에서 얼마나 팔 수 있는지가 문제죠. 그러니 노력해서 실력을 보여주는 수밖에 없습니다."

그는 현지에 키엔스 스타일을 정착시키기 위해서는 소통이 중요하다고 거듭 강조했다. 같은 일본인이면 이심전심으로 통하겠지만 해외는 다르다. 행동의 목적을 명확히 전달하고 어떤 결과를 낳는지 효과를 이해시켜야 한다. 가타야마는 직접 모범을 보여서 현지 직원들을 이해시키는 방법을 모색 중이라고 했다. 그런 점에서는 행동을 가시화하고 피드백을 해서 유도하는 키엔스 스타일이 해외 직원들에게도 적합할 듯하다.

"대단해요!"

가타야마는 감탄하며 기뻐하던 고객의 모습을 생생히 기억한다. 자동차 제조용 장치를 생산하는 미국 업체의 담당자였다. 이 업체는 키엔스와 거래가 없었기 때문에 납품까지 몇 달은 기다려야 하리라고 각오하고 있었다. 하지만 가타야마가 당일 출하할 수 있다고 말하자 뛸 듯이 기뻐했다. 자동차 제조용 장치를 제때 납품하지 못하면 계약 위반으로 몇백만 달러의 배상금을 물어야 하는 상황이었기 때문이다. 당일 출하의 가치는 그야말로 대박이었다.

하지만 해외에서 키엔스의 인지도는 아직도 미약하다.

"미국 서해안 지역이었을 거예요. 현지 직원이 전화에다 대고 세 번이나 스펠링까지 또박또박 말했는데도 회사 이름을 못 알아듣더군요." 가타야마는 쓴웃음을 지었다. "그래도 일단 써보고 나면 제품의 기술력은 물론 전체적으로 평가가 아주 좋습니다. 재주문으로 이어지는 경우도 많고, 미국 기업의 해외 지점에서 주문이 들어온 적도 있어요."

가타야마는 해외사업의 성공을 위한 굳은 의지를 들려줬다.

"단순히 제품을 소개하는 영업이라면 상대도 해주지 않을 겁니다. 얼마나 구체적인 솔루션을 제공할 수 있는지, 고객의 만족스러운 반응을 얻을 수 있는지가 관건입니다. 앞으로도 고객의 목소리에 귀 기울이면서 키엔스의 공통 이념, 즉 고객에게 가치를 제공한다는 마음으로 노력해나갈 겁니다."

해외사업의 7부 능선을 넘는다

키엔스 해외사업의 현주소를 살펴보자. 2022년 3월 결산기 기준 키엔스의 매출은 전년 동기 대비 40%나 증가한 7,552억 엔이었다. 이 중 해외 매출이 약 59%를 차지한다. 일본 내 매출이 1.3배 증가할 동안 해외는 1.5배나 늘었다. 해외 법인의 성장률이 더 높은 셈이다. 해외 매출을 지역별로 보면 미국이 24.8%, 중국이 28.9%, 유럽과 아시아 등 기타 지역이 46.3%를 차지한다.

나카타 사장은 2022년 4월에 개최한 기자회견에서 해외 사업의 성장 가능성을 자신했다.

"원래 해외사업의 성장 잠재력이 국내와 비교해서 압도적으로 큽니다. 글로벌 경기가 회복 국면에 들어서면 해외 쪽 매출이 더 올라가는 게 일반적입니다. 현재 해외 법인에서 영업 인력을 늘리고 있습니다. 특히 젊은 직원들을 많이 채용해서 이들이 제대로 활약할 수 있도록 육성하는 것을 당면 과제로 삼고 있습니다."

코로나19 사태 와중에도 인재 채용과 육성으로 해외 영업 체제를 한층 더 강화한 키엔스의 저력은 놀라울 정도다. 나카타 사장은 반도체 품귀 현상이 벌어졌을 때 고객들이 일부 경쟁 업체의 상품을 제공받지 못해서 키엔스에는 오히려 전화위복이 됐다는 이야기도 덧붙였다.

실제로 해외 법인의 인원은 어느 정도 늘었을까?

2022년 3월 말 키엔스의 종업원은 8,961명으로 본사가 2,599명, 자회사가 6,362명이었다. 일본 내 자회사로 키엔스 엔지니어링과 키엔스소프트웨어Keyence Software가 있지만,

전체 자회사 종업원 대부분이 해외 영업 인력으로 보인다.

2014년 3월 말부터 8년 동안의 추이를 살펴보면 자회사의 종업원 수는 연평균 15.9% 규모로 늘고 있다. 본사가 연평균 3.1%인 것에 비하면 자회사의 증가 규모가 큰 편이다.

단 종업원 수의 증가에 비해 해외 매출의 성장은 완만한 편이다. 2015년 3월 결산기까지는 순조롭게 늘었지만 2016년 이후로 성장세가 둔화되고 있다. 국내사업이 호조였던 영향도 있지만 나카타 사장의 지적대로 오히려 '해외사업의 성장 여지'를 나타낸다고 볼 수 있다. 오카산증권의 모로타 애널리스트는 해외 영업사원이 육성되어 일본처럼 성과를 내게 되면 직원 1인당 매출액이 증가해서 해외 매출이 대폭 증가할 수 있다고 전망했다.

로봇이나 FA기기를 생산하는 기업은 매출에서 차지하는 해외 비중이 높은 경우가 많다. 업계에서도 대표적인 곳이 화낙FANUC으로 80% 이상, 야스카와전기安川電機가 70% 정도다. 현 시점에서 키엔스는 약 60%지만, 타사와 비교해보면 70% 이상까지 성장할 가능성이 크다고 모로타는 내다봤다.

나카타 사장도 2022년 인터뷰에서 다음과 같이 자신했다.

해외 비율이 60%까지 성장

| 키엔스의 해외 매출 비율 추이 |

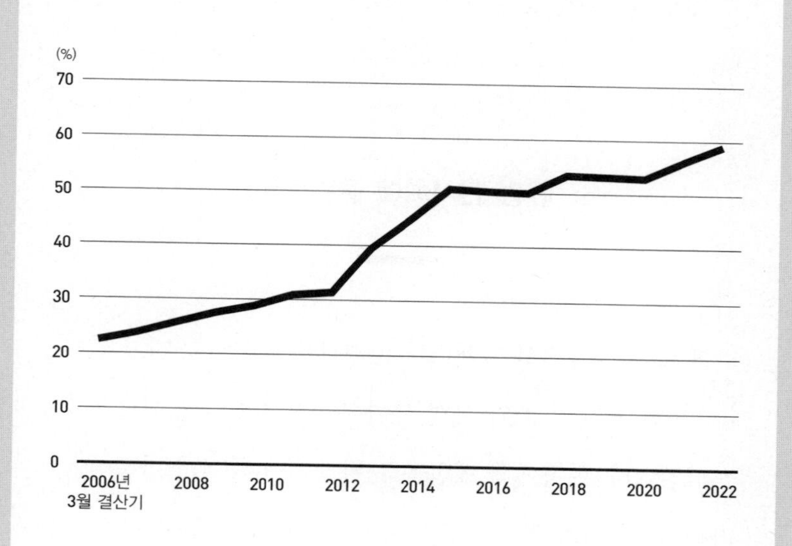

“현재 해외 매출의 비율은 60% 정도지만, 제조업 시장을 놓고 보면 일본 내 공장의 생산액이 세계 전체의 10%도 되지 않습니다. 해외 고객이 우리 회사 상품을 구입해줄 여지는 여전히 크다고 할 수 있습니다. 구체적인 목표를 정하지는 않았지만 70%를 넘어서는 것도 충분히 기대해볼 만합니다.”

유럽 전시회에 몰린 인파

실제 해외 시장에서 키엔스의 존재감은 서서히 커지고 있다.

“5년쯤 전부터 해외 고객 사이에서 인지도가 많이 상승한 느낌입니다. 현장에서 명함을 교환해보면 확실히 반응이 달라졌어요.” 판매 업무에 종사했던 한 OB의 이야기다.

로봇 업계 관계자에 따르면 최근 몇 년 동안 이미지 센서 시장에서 키엔스의 점유율이 높아지고 있다고 한다. 특히 ‘로봇 비전’ 분야에서는 2020년 수량 기반으로 20%를 넘어섰다는 조사도 있다. 30%에 육박하는 점유율을 자랑하는 미

국 코그넥스Cognex의 뒤를 이어 세계 2위다. 화낙, 세이코엡손セイコーエプソン, 오므론과 같은 세계 유수 기업이 그 뒤를 잇는다. 경쟁 업체 관계자 역시 "후발 주자이지만 사용 편의성이 뛰어난 제품으로 시장 점유율을 늘리고 있습니다"라며 키엔스의 성장세를 놀라워했다.

"'재고 항시 보유'라고 쓰인 키엔스의 전시 부스에 구름 같은 인파가 몰려들었습니다."

반도체 불황이 이어지던 시기, 유럽 전시회에 참가했던 FA 업계 관계자의 증언이다.

창업 당시부터 당일 출하를 실천해온 키엔스는 해외에서도 방침을 바꾸지 않았다. 현지 법인마다 창고를 보유하고 취급하는 상품의 재고를 보관한다. 주문 마감 시간 등 상세 방침은 조금씩 다르지만, 주문을 받으면 그날 안에 출하하는 것이 원칙이다.

북미와 남미에서도 전 상품의 당일 출하 체제를 정비하고 있다. 물류 거점에는 일본과 동일한 재고를 보유하고, 센서를 고정하는 철물 같은 소형 제품부터 현미경과 레이저 마킹기 같은 대형 제품까지 모두 당일 출하한다. 미국이라면 중부 표준 시간으로 오후 4시까지, 멕시코는 당일 오후 2시까지 주문을 받으면 당일 출하가 가능하다. 이 제도를 유지하려면 효율적인 재고관리와 최적의 생산 시기를 조절하는 능력이 필요하다. 현지 법인과 생산관리 부서가 실력을 보여줄 수 있는 지점이다.

예비 재고를 껴안고 있어야 한다는 부담도 없고 반도체 부족처럼 수급이 불안한 상황에서도 책임지고 조달해준다. 이런 노력이 빛을 발해 키엔스의 가치를 실감한 세계 기업들이 몰려들고 있다.

카탈로그 말고
데모 기기로 직접 시연

"국내와 해외 매출을 비슷한 수준으로 유지해야 합니다."

창업자 다키자키는 해외 매출이 거의 없던 1980년대 중반부터 이렇게 역설했다. 다키자키의 뒤를 이은 역대 사장들 모두 해외사업을 확대했고, 현재 해외 매출이 전체의 60%까지 올라섰다. 글로벌 판매망은 46개국 230개 거점으로 확장됐다.

키엔스가 최초로 해외 법인을 세운 시기는 1985년으로, 미국에 'KEYENCE CORPORAION OF AMERICA'를 설립했다. 당시 일본의 회사명은 리드전기였지만 미국 자회사가 한발 앞서 현재 사명을 사용한 셈이다.

이 무렵 해외 시장 개척의 최전선에서 뛴 인물이 후지타 다카시藤田孝다. 2015년 정년퇴직할 때까지 키엔스에서 근무한 뒤 현재는 글로벌 인재를 육성하는 인사이트 아카데미Insight Academy의 고문으로 재직 중이다. 현역 시절에는 무조건 해외 시장 비율을 50%까지 올리겠다는 목표로 판로 개척에 힘을 쏟았다고 한다.

후지타는 리드전기가 창업하고 8년째 되던 해, 매출이 15억 엔 전후였던 1982년에 경력직 채용으로 입사했다. 3년 동안 국내 영업을 한 뒤 1985년에 최대 시장인 북미 지역을 개척하는 프로젝트에 자진해서 참여했다. 그 후로는 유럽에 주재하며 현지 고객들을 상대로 판로를 구축했다. 일본으로 돌아온 1998년부터 해외사업부장으로 취임해서 전 세계에 키엔스 판매 네트워크를 구축하는 미션을 담당했다. 그는 60세를 맞이한 2015년까지 키엔스의 해외사업을 이끌었다.

신기한 구경거리 '시연'

1980년대 중반 후지타가 거점으로 삼은 곳은 미국 캘리포니아주 로스앤젤레스다. 여러 회사가 입주한 단층 건물에 자리 잡은 사무실에서 고객을 만나러 가는 그의 손에는 늘 쌤소나이트의 슈트케이스가 들려 있었다. 가방 안은 키엔스 상품의 데모 기기로 가득했다. 그는 당시를 회상하며 이렇게 말했다.

"기술의 발전으로 키엔스의 영업 스타일에도 변화가 있었지만, 기본은 거의 바뀌지 않았습니다."

그가 입사할 당시 리드전기는 '고객 카드'에 상담 이력을 남기고 직접 찾아가는 영업을 하고 있었다. 시연 판매도 마찬가지다. 카탈로그 설명이 대세인 시절이었지만 키엔스에서는 영업사원이 제품을 통째로 들고 가 고객 앞에서 시연을 하면서 특징과 효과를 설명했다.

후지타는 미국 진출을 앞두고 1년 정도 테스트 영업을 할 때 만난 고객을 아직도 기억한다. 반도체 기판의 실장 장치를 제조하는 업체였다. 북미 시장 개척으로 이어질 중요한 기회였으므로 창업자인 다키자키도 동행했다. 제조 업체에서 나온 사람은 마크라는 이름의 젊은 미국인 엔지니어였다. 후지타와 동갑 정도로 보였는데, 데모 기기의 무료 대출을 의미하는 'FREE TRAIL' 광고를 보고 키엔스에 문의했다고 말했다.

"당시만 해도 일본은 싼 제품을 수출해서 돈만 벌어간다고 비판받던 시절이었어요. '이코노미 애니멀'이라고들 했죠. 솔직히 미국에서 우리 방법이 통할지 무척 불안했습니다."

후지타는 적당히 자기소개를 마친 뒤 상품의 센서를 꺼내 들고 제품 시연을 시작했다. 지켜보던 마크는 "기판 구멍의 위치를 맞추는 정밀도를 높이고 싶습니다"라고 요청했다. 후지타가 직접 조작해서 그 자리에서 문제를 해결해 보이자 눈을 동그랗게 뜨고는 "좋아요!"라며 연신 기뻐했다.

후지타는 "그때만 해도 제품을 시연하는 방식이 흔치 않았어요. 게다가 고객의 요구를 그 자리에서 해결해서 보여주니 깜짝 놀란 것 같습니다"라고 말했다. 그의 영어 실력이

썩 유창하지는 않았던 모양이다. 토익 500점 정도의 수준이어서 고객을 만났을 때 말이 통하지 않아 좌절한 적도 있다고 한다. 하지만 기술은 만국 공통이다. 엔저 덕분에 가격 면에서 유리하기도 했지만 낯선 외국 기업에 흔쾌히 기회를 준 미국인의 오픈 마인드 덕도 봤다고 했다.

1년 동안 테스트 영업을 하면서 살펴본 고객 반응은 상상을 뛰어넘었다. 미국에서도 성공할 수 있다는 확신을 얻었다고 한다. 엔지니어 마크는 그 후로도 키엔스 제품을 꾸준히 구입하는 단골이 됐다.

무명의 키엔스

성공의 예감을 안고 진출한 북미 시장이었지만 현지에 판매망을 정착시키는 단계부터 고생이 시작됐다. 해외 부임을 자처한 후지타의 첫 임무는 로스앤젤레스에 사무소를 설치하는 일이었다.

당시 키엔스는 글자 그대로 무명이었다. 아는 사람이 아무도 없었다. 미국에서 사업을 한다고는 했지만 자본금이래야 겨우 1,000만 엔이어서 영업사원도 만족스러울 만큼 채용할 수 없었다. 그래서 처음 5년간은 키엔스의 시그니처인 '직접 판매'가 아니라 '세일즈 랩Sales Rep'이라는 판매 대리점을 각 주의 주요 도시에 마련하고 키엔스의 영업 스타일을 전수해서 운영했다.

대리점 직원들을 훈련시키고 고객사까지 동행해서 하루에 도시 한 곳씩 미국 전역을 누비며 강행군을 했다. 평범한 방법은 먹히지 않았다. 카탈로그를 보여주며 상담하고 판매하는 영업이 당연했던 시절, 데모 기기로 시연하는 방법은 영업사원들에게는 꽤 고생스러운 일이었다. 왜 데모 기기까지 들고 가야 하는 거냐며 반발하는 직원도 적지 않았다. 현지 사정에 어두워 치안이 불안정한 지역에서 신변의 위협을 느낀 적도 있었다. 업무 외적인 일로 스트레스가 이만저만이 아니었다. 집에 오면 바로 쓰러질 정도였지만, 다시 떨치고 일어나 현지 개척에 도전해나갔다.

그렇게 5년 동안 고군분투한 보람이 있었다. 후지타는 "고객에게 해결책을 제안하는 컨설팅 영업과 즉납의 유효성을 확인할 수 있었죠"라며 당시를 회상했다. 특히 그가 실감한 것은 키엔스 상품의 저력이었다. 구입한 상품에 만족한 고객은 다시 키엔스를 찾았다. 자신감을 얻은 후지타는 고객의 잠재 니즈를 끌어낼 수 있도록 일본과 동일한 영업 방법을 현지에도 도입했다.

판매 대리점에서 현지 법인으로 전환하기 시작한 것이 1990년대다. 현지 법인을 설립하고 나서는 직접 영업사원을 채용해서 팀을 조직했다. 당시 최우선 과제는 직원들에게 키엔스의 사고방식과 철학, 행동 지침을 이해시키는 것이었다.

사실 직원들이 머리로 받아들이고 몸으로 실천할 수 있기까지 꽤 고생했다고 한다. 개인주의가 강한 풍토 때문인지 일본처럼 팀워크를 활용한 성과를 내기가 상당히 어려웠다. 하지만 개인의 역량에 의존하지 않으려면 일본과 같은 체계적인 영업 시스템을 현지에서도 구축해야만 했다.

해외 비율 30%의 벽을 넘어라

키엔스의 해외사업이 크게 성장한 계기는 2008년 SFA 시스템을 현지 법인에 정비한 일이다. 2001년에 중국 법인을 설립하면서 키엔스는 아시아 시장 개척에도 도전했다. 하지만 해외 매출 비율이 좀처럼 30%의 벽을 넘지 못하는 시기가 이어졌다. 지루한 답보 상태를 돌파하려면 본사와 해외 법인의 운영을 일체화할 필요가 있었다. 해외에서도 SFA를 이용하고 있었지만 나라마다 시스템이 제각각이었다. 일본에서는 해외 사정을 제대로 파악할 수 없었고, 해외에서도 일본 내 사정에 깜깜했다.

2000년 이후 유럽과 미국도 중국과 아세안ASEAN으로 공장 진출을 가속화하면서 아시아 지역에 왕성한 설비 투자를 이어갔다. 키엔스 내부에서도 해외사업을 더 강화해야 한다는 목소리가 높아졌다. 키엔스는 해외사업의 가시화를 추진하기로 했다. 나라마다 제각각이던 시스템을 통합하고 국내 사업부와 해외 법인의 긴밀한 관계를 구축했다. 그 결과 일본과 해외의 정보가 연동되어 세계 시장에서 더욱 치밀한 영업 전략을 펼칠 수 있게 됐다. 후지타는 당시를 이렇게 회상했다.

"비즈니스 상담을 성공시킬 수 있는 요인에 대한 지식과 경험을 축적하고, 수주와 어떤 인과관계가 있는지 분석할 수 있는 체제가 해외에도 마련됐습니다."

이제는 해외에서도 일본에서와 마찬가지로 외보를 이용해 매일 고객과 나눈 상담 내용을 기록하고 상사와 공유한다. 나아가 거래의 동기나 방문 목적, 고객사의 키맨, 현장에 들어갔는지 아닌지, 수주 성공 여부 등 다양한 항목을 입력하면서 지식과 경험을 쌓아가고 있다. 일본에서 확립한 방법을 세계 곳곳에 이식한 것이다. 이를 통해 해외 거점을 관리할 수 있게 됨은 물론 영업사원이 수주 성과와 행동의 인과관계를 자세히 분석할 수 있게 됐다. 나아가 국내 영업과 상품 담당자에게도 해외 정보가 충분히 제공돼 해외 시장을 겨냥한 상품 기획과 개발, 판매 전략 수립이 수월해졌다.

예를 들어 해외로 진출한 일본계 기업의 국내 핵심 인물이 외국으로 발령이 나면, 그 정보가 해외 법인으로 전달돼 일관성 있는 관리가 지속될 수 있다. 이처럼 정보를 공유할 수 있는 건 시스템이 정비된 덕분이다.

물론 SFA가 정비된 후로도 어려움은 있었다. 지역에 따라서는 모든 행동을 가시화해서 관리하는 방식에 반발하는 직원들도 있었기 때문이다. 또 '내 고객'이라며 고객 정보를 독차지하려는 마음에 SFA에 자세하게 입력하기를 꺼리는 이들도 있었다.

이때 후지타가 현지 직원들에게 강조한 것은 '영업 실적의 공유가 회사의 자산이 된다는 점'이다. 한 개인이 스타플레이어처럼 높은 성과를 올려도 회사 전체의 실적으로 이어지는 데는 한계가 있다. 회사 이익을 창출하는 행동을 중시하는 키엔스에서는 회사에 대한 공헌도가 개인의 급여라는 보상으로 되돌아온다. 정보의 세밀한 입력과 공유가 최종적으로는 직원 개개인에게도 훨씬 이득이라는 점을 끈질기게 설득했다.

키엔스의 영업 시스템은 해외에서 오히려 더 빛을 발했다. 해외는 일본보다 이직률이 높은데, SFA에 철저히 기록해두면 직원이 회사를 떠나도 후임자가 변함없이 고객을 관리할 수 있기 때문이다.

슈퍼스타는 필요 없다

1980년대 중반 키엔스의 한 영업사원은 실적이 좋다고 우쭐대다가 상사에게 따끔하게 혼이 났다.

"자네는 자신만 잘되면 다라고 생각하는 건가? 우리에게 슈퍼스타는 필요 없어. 그럴 작정이면 그만둬. 리드전기는 모두의 힘, 조직의 힘으로 이기는 곳이야."

조직을 중시하는 키엔스의 사고방식은 해외에서도 적용되

고 있다. 해외사업을 이끌었던 후지타는 "홈런 타자 한 명보다 중견 타자를 잘 키워서 평균치를 올리는 것, 그것이 키엔스 영업의 기본 철학"이라고 강조했다.

미국과 유럽 현지 법인에서 키엔스의 영업 스타일을 정착시킬 때 주목한 직원은 평균 정도의 역량을 지닌 이들이다. 기초 업무도 해내지 못하는 직원에게 '하루 5건 고객사 방문' 같은 목표를 제시하면 '일본인이 현지 사정도 모르면서 무리한 요구를 한다'라고 반발할 수 있기 때문이다. 따라서 실적은 중간 정도지만 행동이 잘 훈련된 영업사원을 찾아 집중적으로 육성했다. '옆 사람이 할 수 있으니 나도 열심히만 하면 충분히 할 수 있어'라고 실감하게 하려는 의도였다. 평균을 올리는 팀 운영 방식을 해외에서도 실천한 것이다.

개인의 역량에 기대지 않고 시스템으로 해결하려는 노력은 해외 현지 법인을 운영할 때도 예외가 아니었다. 후지타는 해외 멤버들과 2013년 무렵부터 현지 법인의 운영을 가시화하는 시스템 구축에 전념했다.

현지 주재원이나 매니저에게는 해당 법인의 풍토를 묻는 조사표가 정기적으로 보내진다. 인사 부서에 보내는 조사표에는 경영 이념이 침투돼 있는지, 경리 부서에는 경비가 문제없이 처리되고 있는지, 정보기술 부서에는 재고관리의 규칙을 이해하고 있는지와 같은 질문이 제시된다. 영업 부서라면 SFA에 철저히 입력하는지도 묻는다. 이 질문들에 대한 답변에 5단계로 나누어 점수를 매긴다.

이와 별도로 일본의 해외 감사 담당자가 정기적으로 현지 법인을 감사한다. 감사 담당자의 평가와 현지 법인의 자가평가 사이에 현격한 차이가 보이면 현지 법인은 이유와 개선책을 마련해야 한다. 후지타에 따르면 이런 조사는 "실무와 풍토 양쪽으로 매일의 운영 상황을 체크해 문제 발생의 징후를 미리 발견하기 위해서"였다고 한다.

구닥다리 빌딩에서 병따개 빌딩으로

키엔스 입장에서 중국은 미국 버금가는 주요 시장이다. 2022년 3월 결산기 기준 중국 법인의 매출은 전년 동기 대비 49%나 증가한 1,285억 엔으로 연결매출의 17%를 차지했다. 미국보다 15년이나 늦게 진출했지만 미국을 뛰어넘는 최대 시장이 됐다.

"제가 부임하던 무렵 상하이 사무실은 화장실에서 물도

안 나올 정도로 낡은 곳이었어요."

2010년대 중반 중국 법인에서 근무했던 OB의 이야기다. 당시 일본만큼 업무 환경이 정비되지는 않았지만 중국 사업의 성장에 대한 기대는 매우 높았다. 3대 야마모토 사장도 현지를 찾아 매출액을 물으며 직원들을 격려했다고 한다.

키엔스의 당일 출하 시스템은 중국 현지에서도 호평을 받았다. 다른 회사들은 '재고가 있으면 보내드리겠다'라는 수준으로 대응했지만 키엔스는 차원이 달랐다. 구체적인 배송 수단, 도착 일자, 제품 수령 후 주의사항까지 자세하게 전달했다.

영업 시스템만 두고 보면 중국 법인은 일본 본사를 거의 따라 한다고 할 수 있다. 일본처럼 1분 단위까지는 아니지만, 외보도 5분 단위로 기입한다. SFA 입력을 지원하는 전담 직원이 있을 만큼 철저히 실적을 가시화하고 있다.

미국과 유럽에서는 현지 직원이 모범을 보여주는 방법을 쓴다. 하지만 중국에서는 일본인 직원이 롤모델이 되어 현지 직원들에게 모범을 보였다. 한 일본인 직원은 "현지에서 열심히 모범을 보였더니 '멋쟁이 사무라이'라고들 했어요"라면서 웃었다.

일본의 방법을 그대로 도입해서 중국 현지에 컨설팅 영업 체제를 구축한 키엔스는 세계의 공장으로서 발전하는 중국의 성장에 힘입어 순조롭게 매출을 올리고 있다.

현재 상하이의 거점은 빌딩 모양 때문에 '병따개'라고 불리는 랜드마크, 상하이 세계금융센터에 있다. 일본의 모리빌딩森ビル이 디벨로퍼로서 개발한 지상 101층, 높이 492미터의 초고층 빌딩이다. 허름한 빌딩에서 국내외 주요 은행과 증권거래소, 대기업 상사가 밀집한 비즈니스 1번지로 이전한 것은 중국에서 키엔스가 착실히 성장하고 있다는 방증이다.

데이터 분석이 다음 광맥이다

교토부 근방에 약 130개의 점포를 거느린 교토중앙신용금고京都中央信用金庫에는 점포마다 고객의 방대한 거래 데이터가 모여든다. 연령과 수입으로 고객을 분류해 누가 언제 어느 정도의 예금을 인출했는지, 어떤 시기에 대출을 상담했는지 등 고객의 행동 이력을 알 수 있는 정보다. 이곳에서는 축적된 데이터를 분석해서 잠재 고객을 발굴하는 데 활용하고 있다. 투자신탁의 판매나 대출계약으로 이어지는 경향을 추출해서 분석한 뒤 마케팅 대상이 될 고객을 선정하는 것이다. 2021년부터는 키엔스의 데이터 분석 프로그램인 'KI 시리즈'를 사용하고 있다.

기존에는 사람의 감과 경험에 의존해 영업을 했다.

'예금이 많으니까 투자 상품을 많이 사겠지.'

'20~30대 고객은 인터넷 뱅킹으로 계약하기 쉽겠지.'

하지만 영업에는 비효율적이고 인과관계로 설명이 안 되는 사례도 무수히 많다.

'데이터를 신의 한 수로 활용할 수 있는 프로그램은 없을까?'

2020년 여름 영업추진부의 한 직원이 이런 고민을 하던 중 한 통의 편지가 도착했다. 발신자는 키엔스라는 회사였다. 그때까지 별다른 거래도 없었고 그쪽 직원들도 전혀 몰랐다. 고개를 갸웃하면서 내용을 읽어보니 KI 프로그램 광고였다.

사실 히타치제작소나 일본유니시스(현 BIPROGY) 같은 IT 대기업에서 먼저 제안이 왔었다. 하지만 키엔스의 KI 프로그램에는 남다른 장점이 있었다.

첫째, 기계학습에 정통하지 않은 사람도 데이터 분석을 할 수 있다.

둘째, 전담 데이터 사이언티스트가 고객사 담당자와 이인 삼각으로 시스템을 관리해준다.

셋째, 목돈이 아니라 월정액 방식으로 이용할 수 있다.

게다가 신용금고 담당자가 직접 데이터를 분석하기 때문에 외부로 누출될 일도 없다. 안전성에서도 KI가 압도적으로 뛰어났다.

유일한 선택지, 키엔스

KI 분석의 사례를 살펴보자. 예를 들면 '투자신탁 상품의 계약률이 높은 고객은 정기예금을 39만 엔 이상 보유하며, 일정 기간 평균 거래 금액이 13만 엔 이상이다'와 같은 특징을 잡아낼 수 있다. 모두 데이터의 효과라고는 할 수 없지만 신탁 상품의 판매 건수와 금액이 2020년 대비 적게는 몇 퍼센트에서 수십 퍼센트까지 늘었다고 한다.

KI 판매에서도 키엔스 직판 스타일의 저력이 유감없이 발휘됐다. 키엔스의 담당자가 각 지점을 돌아다니며 데이터 분석을 기초부터 지도했다. 교토중앙신용금고의 마쓰다松本 부장은 "귀찮다 싶을 정도로 밀착 관리를 해줍니다. 그리고 구독형 서비스니까 비용 부담도 없어요"라며 기뻐했다. 이 신용금고에서는 실제 AI를 배운 적 없는 관리직 직원들이 지금은 '데이터 사이언티스트'라는 중책을 담당하고 있다.

2021년 KI 프로그램을 도입한 편의점 로손ローソン의 IT솔루션 본부 이시다 다케히코石田剛彦 부장은 이렇게 말했다.

"우리가 원하는 프로그램은 다른 곳에는 없었습니다. 키엔스가 유일한 선택지였어요."

이유는 교토중앙신용금고와 유사했다. 엑셀처럼 누구나 간단히 쓸 수 있는 데이터 분석 소프트웨어를 찾고 있었기 때문이다. 로손은 일본 전역에 약 1만 4,500개의 점포를 두고 있으며 점포마다 자동 현금 정산기부터 상품과 티켓의 예약·구입 단말기인 로피Loppi 등 20여 종의 기기를 설치하고 있다. 기기 고장은 매출 기회의 손실로 직결된다. 따라서 모든 기기를 항상 정상적으로 가동하려면 고장의 전조 증상을 알고 있어야 한다.

그 막중한 임무를 맡은 것이 키엔스의 KI 프로그램이다. 로손은 현재 고장에 대응하는 콜센터 직원이 기록한 문자 정보부터 POS(판매 시점 정보관리)의 일일 판매 수치, 각종 단말기의 배터리 잔량까지 모든 데이터를 모아서 기계학습을 시키고 있다. 고장이 많은 점포나 시간대 등 특징을 추출해서 업무를 개선하는 데 활용하기 위해서다. 예를 들면 자동 현금 정산기 내부를 세심하게 닦기 위해 공업용 면봉을 주기적으로 발주하는 점포는 고장이 적다고 분석하는 식이다.

"방대한 데이터 속에서 생각지도 못한 상관관계를 발견하면 보수 및 관리 비용을 줄일 수 있습니다. POS와 마찬가지로 데이터 기반의 실무 영역을 넓혀나가고 싶습니다"라고 이시다 부장은 말한다.

I 예방 정비에 키엔스의 KI를 도입한 로손 IT솔루션 본부의 이시다 다케히코 부장(오른쪽)

시행착오가 낳은 프로그램

교토중앙신용금고와 로손은 왜 실적이 탄탄한 IT 기업이 아니라 후발 주자인 데다 IT 업계와 동떨어진 키엔스의 프로그램을 선택했을까? 데이터의 사용 편의성이나 구독 서비스만이 이유는 아니다. 로손 관계자는 “키엔스 스스로 시행착오를 겪으면서 만든 프로그램이기 때문"이라고 말했다.

키엔스도 한때는 발로 뛰며 얻은 정보에 의존했다. 영업에서 수집한 정보를 크로스 집계 같은 단순 분석법을 이용해 '전기 업계는 생산기술 부서의 과장급에게 영업하면 수주 성공률이 높다'라는 식으로 공략 대상을 선별했다.

그런데 2000년대 들어 고객사가 인터넷에서 정보를 자유로이 얻을 수 있게 되자 새로운 전략이 필요해졌다. 고객을 통해 얻는 데이터만으로는 구매 기준을 추측하기가 어려워졌기 때문이다. 그때 주목한 것이 고객의 관심과 행동 패턴이 응축된 트랜잭션 데이터transaction data다. 잠재 고객이 어떤 사이트를 언제 열람했는지, 어떤 세미나에 참석했는지, 어떤 제품을 얼마나 자주 구입했는지와 같은 이력을 빠짐없이 수집했다. 그리고 고객의 관심을 한발 먼저 찾아내서 수주 확률을 올리려고 애썼다.

하지만 데이터 분석 노하우가 부족했다. 처음에는 외부 컨설턴트에게 의뢰했지만 시간과 비용만 들었고, 분석 결과가 나와도 정작 영업사원들은 거들떠보지도 않았다. 지금까지 아날로그 방식으로 성공해왔다는 자신감이 있었기 때문이다. 그래서 분석의 프로인 데이터 사이언티스트를 고용했더니, 이후에는 영업사원들로부터 감당하지 못할 정도로 문의가 쏟아졌다.

이런 진통을 겪으면서 키엔스가 시행착오 끝에 도달한 답은 IT 문외한도 충분히 사용할 수 있는 프로그램을 자체 개발하는 것이었다. 그들이 집중한 것은 '해결책'이었다. 현장에서 무슨 일이 벌어졌는지, 왜 그런 일이 일어났는지 등 현상과 원인은 쉽게 알 수 있다. 하지만 과거 데이터를 바탕으로, 앞으로 무슨 일이 일어날 것이고 어떻게 대처해야 하는지를 예측하기는 어렵다. 그런데 KI 프로그램은 문제 상황을 예측하고 대책까지 자동으로 생성해서 제시해준다. 예를 들어 온라인 판매에서 고객 이탈을 막고 싶다고 하자. KI는 회원 포인트의 잔고나 구입 이력을 기반으로 이탈 가능성이 있는 고객을 특정한다. 그리고 이벤트나 상품 할인 같은 해결책을 자동으로 생성해서 제시한다.

데이터 활용을 귀찮아하던 영업사원들에게 이 솔루션은 대단한 호평을 받았다. KI 프로그램을 통해 '데이터를 모으고, 활용하고, 영업을 움직이는' 사이클을 실현한 것이다.

2019년 드디어 KI 시리즈의 판매가 시작됐다. 고객 리스트에는 주가이제약中外製薬이나 SMBC닛코증권SMBC日興証券 같은 대기업이 즐비하다. 키엔스 하면 땀내 나는 영업을 떠올리지만 그 바탕에는 치밀한 데이터 전술이 깔려 있다. 게다가 자신들의 노하우를 숨기기는커녕 상품화하여 팔아치운다는 점에서 키엔스의 야망이 드러난다. 기존 IT 기업들에는 몹시 성가신 경쟁자가 나타난 듯하다.

7장

키엔스의 창업 DNA

키엔스 스타일, 날개를 달다

일본 소프트웨어 기업의 노포 저스트시스템Justsystem이 무섭게 성장하고 있다. 일본어 워드프로세서 '이치타로一太郎'와 일본어 입력 시스템 'ATOK'로 시대를 풍미했던 이 회사는 2022년 3월 결산기를 기준으로 지난 5년간 매출은 2배, 영업이익은 3배가 올랐다.

저스트시스템이 키엔스의 관계회사라는 사실을 듣고 놀라

는 사람이 많을 것이다.

적자가 이어지던 심각한 경영 상황을 벗어나 재도약을 이룬 저스트시스템 곳곳에서 키엔스의 경영 스타일을 확인할 수 있다.

'이치타로'로 유명한 저스트시스템에 키엔스가 출자하여 주식 44% 취득 – 〈닛케이 신문〉

2009년 4월 4일, 각 신문사는 헤드라인으로 총 45억 엔에 달하는 키엔스의 출자 결정을 알렸다. 저스트시스템 본사가 있는 도쿠시마의 일간지 〈도쿠시마 신문〉에서는 1면을 장식했다. 키엔스는 저스트시스템의 제3자 배정 증자를 인수해서 발행이 끝난 주식의 약 44%를 보유하는 최대주주가 됐다.

메타모지 노트로 잘 알려진 메타모지MetaMoji의 우키가와 가즈노리浮川和宣 사장이 1979년 도쿠시마시에서 창업한 저스트시스템은 컴퓨터 보급 바람을 타고 사업을 확대했다. 1997년에는 장외시장에 주식을 공개하기도 했지만 미국 마이크로소프트Microsoft에 시장을 빼앗기고 실적 부진에 빠져 2006년 3월 결산기부터 적자가 이어졌다. 증자 발표와 함께 저스트시스템은 2009년 3월 결산기의 연결실적 전망을 하향 수정했다. 9,100만 엔의 흑자로 발표했던 영업 손익이 11억 3,500만 엔의 적자가 됐고, 최종 손익은 19억 엔의 적자로 악화되리라는 예상을 제시했다. 이에 실적 부진으로 인한 유동성 문제를 증자로 해소하고 재무 기반을 강화하고자 했다.

당시 언론에서는 '저스트시스템의 기술력과 개발력을 평가한 키엔스가 제휴 의사를 타진했으며 협업 가능성도 논의됐다'라고 보도했다. 출자 후 키엔스는 저스트시스템에 대표이사로 세키나다 교타로関灘恭太郎를 보냈고, 그는 2016년에 저스트시스템 사장으로 취임했다.

키엔스의 지분법 적용 관계회사가 된 지 10년이 넘은 지금, 저스트시스템은 세키나다 사장의 지휘 아래 쾌속 질주를 이어가고 있다. 이를 이끈 것이 2012년에 판매하기 시작한 초등학생 대상의 통신 교육 서비스 '스마일 세미나'다. 전용 태블릿에 소프트웨어 교재를 조합한 학습 서비스로 2013년에는 중학생, 2018년에는 유아 대상으로도 확대했다. 그리고

2022년에는 드디어 만반의 준비를 마치고 고등학생 대상의 프로그램을 출시하면서 매출과 수익의 확대를 꾀하고 있다.

제2의 키엔스, 저스트시스템

키엔스가 출자한 뒤 저스트시스템에는 어떤 변화가 일어났을까?

최초의 변화는 상품 기획 방법에서 찾을 수 있다. 세키나다는 〈닛케이 비즈니스〉와의 인터뷰에서 "저스트시스템은 뛰어난 기술력을 지닌 회사지만 지나치게 엔지니어 중심이었습니다. 상품 기획의 방법을 바꾼다면 훨씬 좋아질 겁니다"라고 이야기했다. 상품을 기획할 때 소비자의 진정한 니즈까지는 생각이 미치지 않았다는 지적이다.

전자기기가 주력인 키엔스와 소프트웨어가 주력인 저스트시스템. 전혀 다른 업계지만 고객을 중심으로 상품을 기획한다는 점은 같다. 세키나다는 상품 기획을 관장하는 이사로 취임해서 개혁에 착수했다. 최우선 과제는 '인사이트'로 불리는 니즈와 과제를 발굴하는 데 시간과 노력을 집중하도록 체제를 전환하는 일이었다.

일본의 소프트웨어 회사는 대부분 고객의 위탁을 받아 개발을 진행한다. 따라서 고객이 요구하는 시스템을 만들 방법을 찾는 데 가장 많은 시간을 보낸다. 그런데 세키나다는 고객의 근본적인 니즈를 탐색하는 과정에 집중하자고 생각했다. 키엔스의 영업과 상품 기획 담당자가 '니즈 뒤에 숨은 니즈'를 끊임없이 탐색하는 것과 같은 발상이다. 실제 저스트시스템에서는 상품 기획을 위해 8~9개월간 조사하다가 중지한 일도 있었다.

그런 과정을 거쳐 탄생한 서비스가 '스마일 제미'였다. 저스트시스템은 그보다 한참 앞선 1999년, 워드프로세서인 '이치타로 스마일'을 들고 교육 시장에 뛰어들었는데 당시는 교육위원회 같은 법인을 대상으로 영업했다.

2011년 학습지도요령이 개정되면서 공교육의 영어 학습이 강화됐다. 이와 함께 지난 시기 학력 저하를 초래한 유토리ゆとり 교육(학생들의 창의성과 자율성을 위해 2002년부터 실시한 학습량 및 시간을 축소한 교육으로, '유토리'는 '여유'라는 뜻이다-옮

긴이)에서 벗어나 학습량을 늘리려는 움직임이 활발해졌다.

시대적 변화에 따라 학습량이 증가하면 가정학습에 큰 영향을 미칠 게 분명했다. 새로운 니즈를 발견한 저스트시스템은 학생과 보호자의 의견을 청취할 기회를 꾸준히 마련했다. 그 과정에서 게임은 몇 시간이고 하는 아이들이 문제 풀이에 집중하지 못하는 이유와 대책을 세세히 분석했다. 또 여성의 사회 진출이 늘어나는 상황에서 가정학습의 부담이 엄마에게 집중되는 문제에도 주목했다.

저스트시스템이 마침내 학생과 보호자의 니즈를 찾아내 도달한 것이 '인사이트'라는 태블릿이었다. 전원만 켜면 '오늘의 미션'을 아이들에게 제시하고 모르는 문제는 힌트를 주면서 학습을 지속하게 했다. 자동으로 채점된 성적은 보호자에게 즉시 전송된다. 일하는 엄마도 아이가 공부하는 상황을 실시간으로 확인할 수 있고, 스마트폰으로 아이를 칭찬해 줄 수도 있다. 미션을 완수하면 30분 동안 앱으로 놀 수 있는 보상도 마련했다. 틀린 문제와 시간이 많이 걸린 문제는 데이터로 활용해서 다음 학습 계획에 반영하도록 했다.

지금은 베네세ベネッセ 그룹의 '진학 세미나'나 'Z회' 같은

경쟁 서비스가 많지만 당시는 '태블릿 학습'이라는 말조차 없는 시절이었다. 초등학생 학습에서는 한자 쓰기가 필수인데 범용 태블릿은 손이 움직일 때 반응한다는 문제가 있었다. 제작에 드는 비용을 고려해 범용 태블릿을 유지해야 한다는 의견도 있었지만, 저스트시스템은 고객의 니즈에 답하는 것을 최우선으로 생각해서 전용 태블릿을 독자적으로 개발했다. 그 결과 일본 내 최초 태블릿 통신교재라는 새로운 장르를 개척했다. '세계 최초, 업계 최초 70%'라는 키엔스의 상품 기획 스타일이 떠오르는 대목이다.

구독이 강점으로

두 번째 변화는 '직접 판매'와 '구독 서비스'의 강화다. ATOK와 이치타로는 대리점에서 패키지 소프트 형태로 판매했기 때문에 고객의 이용 실태를 실시간으로 파악하기 어려웠다. 그래서 온라인 직판 사이트를 강화해서 고객의 움직임을 추적할 수 있는 직접 판매 중심으로 전환했다. 현재는 개인 소비자를 대상으로 하는 서비스는 대부분 직접 판매하고 있다.

세키나다는 저스트시스템의 실적이 향상된 이유로 "스마일 제미를 비롯해 정기구독형 상품군을 개발하고 성장시킨 것"을 주되게 꼽았다. 한때 주력 상품이었던 이치타로와 ATOK는 라이선스가 종료된 모델이기 때문에 수익을 지속적으로 창출하기가 어려웠다.

연결실적을 보면, 반복적으로 일정 수익이 창출되는 구독형 서비스가 매출에서 차지하는 비율이 2012년 3월 결산기에는 8%에 불과했다. 하지만 2017년 3월 결산기에는 30%, 2022년 3월 결산기에는 75%까지 증가했다.

세 번째 변화는 2010년 이후 진행된 인사와 보수 체계의 변경이다. 직원 한 사람 한 사람이 변화하고 지속적으로 성장할 수 있는 환경과 제도를 갖춰야 한다는 취지로 영업이익의 일정 비율을 상여로 환원하기로 했다. 그 결과 2011년 3월 결산기에는 658만 엔이었던 평균 연봉이 2022년에는 1,309만 엔으로 약 2배 상승했다. 키엔스가 기업의 이익을 직원에게 환원하고 그것이 다시 기업의 성장으로 이어졌듯이, 저스트시스템에도 선순환의 기초가 마련된 것이다.

인사평가에도 구독형 모델을 채용했다. 구독 서비스가 주요 비즈니스가 된 시대 변화를 반영한 것이다. 인물과 성과를 평가할 때 일시적인 성과나 매출만이 아니라 이전에 달성한 성과가 어느 정도 지속되고 축적됐는지도 포함했다.

혁신의 결과는 성공적이었다. 2022년 3월 결산기에는 영업이익 172억 엔 중 순이익이 122억 엔에 달해 사상 최고치를 기록했다. 매출 대비 영업이익률은 41%로 소프트웨어 기업 중에서도 상당히 높은 수준이다. 주가는 2009년 출자 전후와 비교하면 10배 이상 상승했다. 키엔스의 사상 최대 출자 건은 자산 가치의 변화만 보더라도 대성공을 거둔 셈이다.

저스트시스템의 변혁에 힘을 쏟은 세키나다는 스스로 기획하고 제안해서 개선하는 풍토를 만들자고 직원들에게 반복해서 호소했다.

"누군가가 시키는 대로만 한다면 성과를 올려도 결국은 무엇을 위해 하는지 행동의 목적을 잊게 됩니다. 그러므로 항상 먼저 제안해야 합니다."

세키나다가 늘 강조하는 말이다.

키엔스 OB들이 성공 신화를 이어간다

저스트시스템과 마찬가지로 키엔스의 경영 철학과 업무 수행 방식을 세상에 퍼뜨리는 사람들이 있다. 바로 키엔스 OB들이다.

"제조와 판매가 한 몸이 되어 일하는 것이 얼마나 중요한지 키엔스에서 배웠습니다."

제조 업체를 위한 교육 플랫폼을 운영하는 아페르자アペルザ

의 이시하라 마코토石原誠 대표가 힘주어 말했다. 이시하라는 키엔스의 자회사로 B2B 마케팅 사이트를 책임지는 이프로스イプロス를 2001년 창립했다. 당시 '제조 업계의 야후'를 목표로 사내 구성원들과 힘을 모았다. 이프로스는 현재 6만여 개의 제조 업체가 150만 명이 넘는 회원들에게 자사 상품을 소개하거나 카탈로그와 도면 데이터 등을 제공하는 사이트로 성장했다.

이시하라는 당시를 이렇게 회상했다.

"창업자 다키자키 씨도 인터넷의 성장을 의식했다고 봅니다. 제조업의 틀에서 벗어난 이프로스를 꽤 기대하고 계셨으니까요."

하지만 이프로스가 다키자키의 성에 찰 만한 실적을 내기는 무리였다. 자회사인 이프로스를 설립했을 때 이미 키엔스의 영업이익률은 40%에 육박하고 있었기 때문이다.

당시 인터넷 세계는 겨우 걸음마를 뗀 수준이었다. 제조 업체인 키엔스에서 인터넷 비즈니스를 제대로 아는 사람은 아무도 없었다. 하지만 다키자키로부터 이프로스의 문제를 지적받고 움찔했던 경험이 셀 수 없다고 한다. 매월 보고회에서 질타와 격려를 받은 덕에 이른 시기에 흑자로 전환할 수 있었는지도 모른다.

"규모는 그리 크지 않았지만 키엔스 스타일로 이익을 추구했다고 자부하고 있습니다." 그가 키엔스를 벗어나 좀 더 중립적인 사이트를 만들고자 창업한 곳이 아페르자다. "제조 현장에서 기술자가 설계 시간의 약 70%를 부품을 찾는 데 허비하고 있더군요. 제조 업계가 반드시 해결해야 할 과제라고 생각했어요."

그는 제조 업체를 통합해서 제품 카탈로그를 다운로드할 수 있는 사이트를 만들어 사업을 시작했다. 아페르자의 목표는 중소 제조 업체와 판매회사의 영업활동을 효율화하는 것이다.

"키엔스가 컨설팅 영업으로 성공한 이유는 축적된 노하우와 충실한 지원 시스템 덕분이었습니다."

이시하라는 영업사원을 지원하는 시스템의 중요성을 역설했다. 그가 특히 중시하는 것은 키엔스가 직판으로 실현한 '제조와 판매의 일체화'가 창출하는 가치다. 키엔스에서는 상품에 정통한 영업사원이 고객을 컨설팅하며 숨어 있는 니즈를 찾아낸다. 기획과 개발은 그 정보를 바탕으로 고객에게 제공할 부가가치를 극대화한 상품을 개발한다. 그것이 키엔스가 실현하는 고수익의 원천이다.

하지만 중소 제조 업체 중에는 직판 체제를 구축할 만큼 인재를 채용하기가 어려운 곳이 많다. 그렇다면 디지털의 힘을 빌려 비슷한 환경을 만들 수 있지 않을까? 그런 마음으로 2016년에 아페르자를 세우고 일본 제조 업체의 부활을 꿈꾸며 매일 도전하고 있다.

"키엔스는 몇십 년에 걸쳐 성공 방정식을 정립했습니다. 그 방정식을 배운 사람으로서 나만의 비법처럼 독점하기보다는 국가의 경제 발전에 활용하고 싶습니다. 그 과정에서 제가 할 수 있는 역할을 다하려고 합니다. 키엔스 졸업생들은 다 같은 마음일 겁니다." 이시하라가 밝게 웃으며 말했다.

위화감이 회사를 세웠다

"한 회사에서 같은 자재를 조달하는데 왜 공장과 담당자에 따라 가격이 다를까?"

키엔스에서 영업을 담당하던 마쓰바라 슈헤이는 고객사에서 느낀 의문점을 해결하고자 독립을 결심했다. 그리고 2018년 제조 업체의 조달 부서를 대상으로 견적 지원 클라우드 서비스를 제공하는 A1A를 창업했다.

키엔스에서는 시즈오카현 하마마쓰시를 중심으로 자동차 제조 업체에 센서 제품 영업을 하고 있었다. 고객사를 돌다 보니 조달 부서는 수직적 체계 때문에 정보 공유에 문제가 있다는 점을 알게 됐다. 소재나 가공 방식이 같아도 부서나 지역이 다르면 가격이 제각각이었다.

"정보 공유가 당연하던 키엔스에서 일했기 때문에 굉장히 놀랐습니다."

전자 발주 시스템은 있었지만 조달 상황을 자세히 분석할 수 있는 시스템을 갖춘 곳은 별로 없었다. 현장에서는 품질을 높이려고 마이크로미터 단위까지 정확도를 따지는데, 정작 정보가 공유되지 않아 손해를 본다는 사실이 안타까웠다. 마쓰바라가 시작한 'REF 클라우드' 서비스는 구매와 조달 부서의 번거로운 견적 평가를 지원한다. 가격의 타당성을 누구나 쉽게 파악할 수 있다는 것이 강점이다.

마쓰바라는 새로운 서비스의 아이디어가 키엔스 시절의 성공 체험에서 나왔다고 말했다.

"고객에게 부품 이용 사례를 설명할 때 다른 지역의 사례도 함께 소개하면 효과가 좋았습니다. 수주 확률도 높아졌죠. 정보 공유 시스템 덕에 키엔스의 지원을 받는 느낌이었어요." 입사 초기 상사가 잔소리처럼 '고객의 심정이 되라'던 말이 가장 기억에 남는다고 했다. "처음에는 논리만 앞세워서 고객을 설득하려고 했어요. 그래서 꾸중도 많이 들었습니다. 무엇이 고객을 기쁘게 할지 늘 고민하라고 당부하신 게 지금도 생생해요."

마쓰바라는 자사 서비스로 고객을 만족시키기 위해 오늘도 동분서주하고 있다.

캠핑장의 팀워크

스노피크비즈니스솔루션즈Snow Peak Business Solutions의 무라세 료村瀨亮 사장도 키엔스의 영업사원 출신이다. 1989년 스물여섯 살의 나이로 입사하여 영업과 상품 기획 부서에서 10년간 근무했다.

무라세가 IT회사를 창업한 것은 우연한 기회를 통해서였다. 바코드 리더 부서에서 일할 당시, 키엔스는 재고관리용 소프트웨어는 따로 제공하지 않았다. 어느 날 고객이 프로그램이 있으면 좋겠다고 해서 소프트웨어 회사에 문의했는데, 돌아온 것은 수천만 엔이나 되는 견적서였다. 기껏해야 몇십만 엔짜리 바코드 리더에 쓸 비용은 아니었다.

고객에게 최대의 가치를 제공하려면 어떻게 해야 할까? 무라세는 지인에게 간단한 프로그램을 부탁해서 거래처에 제공했다. 고객은 생각보다 훨씬 더 만족해했고, 그때 충분한 니즈가 있다는 사실을 깨달았다. 키엔스에도 도움이 되리라고 본 무라세는 키엔스의 바코드 리더에서 사용할 시스템을 개발하는 회사를 창업했다.

창업 후에 도움이 된 것은 키엔스 시절 알게 모르게 시행한 '팀빌딩'이었다. 매일 롤플레이를 하고 다양한 지표를 공유해 개인보다 팀으로서 좋은 성과를 남기려고 애썼다. 머리를 맞대고 전략을 세우고 최적의 방법을 모색했다. 직원들의 의욕을 높이기 위해 경쟁을 부추기며 게임 감각으로 일한 적도 있다. 그 결과 키엔스 시절 최강의 팀을 만들었다고 자부했다.

창업 후에도 키엔스의 경험을 충분히 활용할 수 있었다고 무라세는 말한다.

"친밀한 인간관계를 바탕으로 다 같이 힘을 모아야 한다는 마음이 생길 때 팀으로서 기능할 수 있습니다. 누가 시켜서가 아니라 스스로 빠져들어 하나가 되면 덧셈이 아니라 곱셈의 파워가 생겨나죠."

스노피크에서는 산이나 바다 같은 자연 속에서 직원 연수를 진행한다. 팀빌딩을 위해 캠핑용품 일체를 갖추고 연수를 했을 때 직원들의 호평을 받은 것이 계기다. 캠프의 숨겨진 가능성을 깨달은 무라세는 스노피크의 야마이타山井太 현 회장과 의기투합해서 2016년 공동출자로 회사를 세웠다.

그는 키엔스 시절의 경험 덕분에 조직이 성장하려면 구성원이 밀도 있는 커뮤니케이션을 할 수 있는 시스템이 중요하다는 걸 잘 알았다. 그가 찾은 해답은 직원들이 모닥불을 둘러싸고 모이는 독특한 연수였다.

"회의실에서는 싸워도 캠핑장에서 싸우는 사람은 없으니까요."

무라세가 직원들 사이의 친밀감과 동질감의 중요성을 강조하며 한 말이다.

M&A에도 창업에도 키엔스 스타일

"기업의 육성과 정보 공유, 그리고 평가 방식 곳곳에 키엔스 스타일을 도입했습니다."

M&A컨설팅M&Aコンサルティング 대표인 마쓰에이 하루키松栄遥는 키엔스 출신으로 기업의 매수나 합병을 중개한다.

키엔스 시절 효과적이었다고 느낀 방식은 지금도 적극적으로 활용한다고 한다. 고객을 방문하기 전 준비할 때 외보를 활용하고 상담 시나리오도 미리 작성한다. 매일 아침 미팅 때면 주체적으로 제안하라고 직원들에게 강조한다. 계약을 따내면 성공 경험을 공유하고 실적이 좋은 직원을 구체적으로 칭찬하는 등 세세한 부분에서도 키엔스 시절의 경험을 살리고 있다. 인재 평가에서도 상담 건수를 비롯한 5개의 정량적 행동지표에 근거해 인센티브를 부여한다.

"고객과 접촉 빈도를 늘리려면 시스템이 중요합니다. 키엔스 스타일로 시스템을 갖춰나가고 싶습니다." 역시 키엔스 출신으로 공동 창업자인 요다 신스케依田真輔의 말이다.

블루프린트파운더즈Blueprint Founders의 다케우치 마사타카竹内将高 CEO는 키엔스 시절의 배움을 창업 컨설팅에서 활용하고자 한다. '창업을 표준화한다'라는 목표를 내건 그는 창업이 성공하는 방정식을 시스템화한 '스타트업 팩토리'로 부가가치가 높은 사업을 세상에 많이 내보내고 싶다고 힘주어 말했다. 사업 아이템을 가지고 키엔스처럼 매일 할 일을 착실히 해내면 제대로 돈 버는 사업을 할 수 있도록 만들어 주는 것이 목표다. 그는 "어떤 작업을 몇 번 하면 사업화 궤도가 완성되는지 알 수 있는 행동 패턴을 확립하고 있습니다"라며 자신감을 보였다. "페이팔 마피아가 아니라 키엔스 마피아의 시대가 오기를 바라고 있습니다."

그의 말대로 실리콘밸리를 움직이는 페이팔 마피아처럼

일본의 기업 생태계를 이끌어갈 키엔스 마피아의 활약이 기대된다.

센서를 비롯해 FA 업무용 특수기기를 개발하는 키엔스는 자신의 분야에서 요구하는 가치를 창출할 수 있는 시스템을 구축했다. 그 시스템 안에서 직원들은 필요한 행동을 완수한다. 그 결과 기업은 경이로운 고수익을 실현하고 있다. 과연 키엔스만이 할 수 있는 일일까?

키엔스의 시스템과 철학을 응용할 수 있는 영역은 무궁무진하다. 키엔스 졸업생들이 그 가능성을 증명하고 있다. 그들 중 누군가가 세계를 깜짝 놀라게 할 초고수익 기업을 탄생시킬 날을 기대한다.

마치며

"너무 평범해서 쓸 게 별로 없죠?"

취재에 응해준 키엔스 OB가 웃으며 말했다.

그의 말대로 키엔스의 업무 수행 방식과 시스템을 조사하다 보면 특출난 것은 없다. 외보, 롤플레이, 니즈 카드, 내부감사 등 대부분 기업에서 볼 수 있는 제도들이다. 그런데 한 가지 다른 점이 눈에 띄었다.

"제 생각을 정리하자면 이겁니다. 시스템을 만들고 철저히 운영한다. 그리고 모든 직원이 완벽하게 실행한다. '적당히'는 통하지 않는다. 예외도 없다."

"맞아요, 바로 그거예요!" 내 말에 그가 격하게 수긍했다.

키엔스 직원들은 "당연한 일을 당연하게 해낸다"라고 예사로이 말하지만, 그 당연함의 수준이 상식을 뛰어넘는다. 어떻게 그럴 수 있을까?

우수한 인재들 때문만은 아니다. 앞서 언급했듯이, 키엔스의 시스템은 성악설에 바탕을 두고 있다. 사람은 때로 방심도 하고 힘들면 게으름도 피운다. 그렇기에 모두가 무엇을 하는지 유리창 너머로 다 보여주는 것이다. 좋은 숫자도 나쁜 숫자도 가리지 않는다. 자신이 해야 할 일을 완벽하게 수행하기 위해서다.

누군가에게는 숨 막히는 이야기일지도 모르겠다. 하지만 키엔스 사람들은 모두 밝고 즐겁게 일한다. 왜 그렇게 해야 하는지 이해했기 때문이다. 오늘의 행동이 내일의 좋은 결과를 만든다고 믿으면, 누구나 필요한 행동을 하게 된다.

"키엔스를 따라 해도 키엔스가 되기는 어렵습니다."

키엔스 OB 중 많은 이들이 이렇게 말했다. 키엔스 같은 초고수익 기업이 늘어나길 바란다면서 무슨 소리일까? 키엔스는 창업 후 약 50년의 세월을 거치며 경영 철학을 관철해왔다. 그 결과가 오늘의 키엔스다. 중요한 것은 무엇을 따라 해야 하는가다.

지금까지 취재를 통해 알게 된 키엔스의 특징은 다음 세 가지다.

- 직접 판매한다.
- 당일 출하한다.
- 이익을 직원에게 돌려준다.

하지만 이런 점은 키엔스의 단면에 지나지 않는다. 키엔스 경영의 본질은 적절한 목표 설정과 철저한 가시화, 그에 기반한 개선이다. 시스템이라는 틀만 따라 하면 소용이 없다. 그 안에 담긴 철학을 이해하고 수용해야 한다. 키엔스의 영업사원이 고객의 숨은 니즈를 파헤치듯이, 겉으로 드러나지 않는 본질에 주목해야 한다. 저스트시스템은 키엔스의 관계사가 된 이후 급성장을 이뤘다. 키엔스 스타일의 가능성을 증명한 셈이다. 그러니 모든 기업이 키엔스처럼 고수익을 창출하는 회사로 거듭날 수 있다는 얘기다.

키엔스에는 공식적인 사사社史, 즉 기업의 역사를 정리한 책이 없다. 이 글을 쓰려고 마음먹은 또 하나의 이유다. 비공식적으로나마 키엔스의 역사를 정리하고 싶었다. 그러다 보니 공식 기록과 부합하지 않는 내용도 담겼을지 모른다. 어디까지나 내가 바라본 키엔스의 모습이라는 점을 고려하여 너그러이 이해해주시기 바란다.

이 책은 〈닛케이 비즈니스〉 2022년 2월 특집기사 '해부 키엔스: 사람을 키우는 파워 경영'을 바탕으로 했다. 취재에 협력해주신 키엔스 직원과 경영진, 고객사 직원들, 그리고 키엔스의 메커니즘을 널리 알리고 싶다는 내 생각에 공감하고 이야기를 들려주신 키엔스 OB들께 감사드린다.

또 특집 취재와 편집에 힘을 보태준 동료들께도 감사드린다. 이 책에는 우에사카 요시후미上阪欣史, 나카야마 레이코中山玲子가 취재한 내용도 함께 실렸다.

신출내기 기자에게 제조업의 즐거움과 어려움을 알려준 많은 분이 계시지 않았다면 이 책은 빛을 보지 못했을 것이다. 그때를 잠시만 떠올려도 현장의 뜨거운 열정이 다시 느껴진다. 함께 둘러본 현장에서 때로는 자부심을, 때로는 안

타까움을 토로하던 목소리와 표정들이 생생하다. 그 기억들 덕에 키엔스에 흥미가 생겼고 이 책을 쓰기 위한 영감을 얻을 수 있었다.

제조업이 국가 경쟁력을 지탱하는 산업이라는 사실은 분명하다. 하지만 시대가 변화함에 따라 경쟁력이 저하될 수 있다는 문제도 고민해야 한다. 같은 제조 업체이지만 독보적인 고수익을 실현하는 키엔스는 무엇이 다를까? 그 질문의 답을 찾으려 시작한 이 글이 제조업의 활기를 되찾는 데 작으나마 도움이 되기를 진심으로 바란다.

니시오카 안누

괴물같은
기업
키엔스를
배워라